智圆行方

创业型管理者的艺与术

WELL ROUNDED WISDOM PLUS DISCIPLINED ACTION

THE ART AND PRACTICE OF ENTREPRENEURIAL MANAGERS

李华晶◎著

中国经济出版社
CHINA ECONOMIC PUBLISHING HOUSE
北 京

图书在版编目（CIP）数据

智圆行方：创业型管理者的艺与术 / 李华晶著．
北京：中国经济出版社，2016. 8
ISBN 978 -7 -5136 -4241 -5
Ⅰ. ①智… Ⅱ. ①李… Ⅲ. ①企业管理 Ⅳ. ①F270
中国版本图书馆 CIP 数据核字（2016）第 100860 号

责任编辑　陈　瑞
责任审读　贺　静
责任印制　马小宾
封面设计　华子图文

出版发行　中国经济出版社
印 刷 者　北京力信诚印刷有限公司
经 销 者　各地新华书店
开　　本　880mm × 1230mm　1/32
印　　张　7. 75
字　　数　143 千字
版　　次　2016 年 8 月第 1 版
印　　次　2016 年 8 月第 1 次印刷
定　　价　39. 8 元
广告经营许可证　京西工商广字第 8179 号

中国经济出版社 **网址** www. economyph. com **社址** 北京市西城区百万庄北街 3 号 **邮编** 100037

本版图书如存在印装质量问题，请与本社发行中心联系调换（联系电话：010 -68330607）

Well-rounded Wisdom plus Disciplined Action

The Art and Practice of Entrepreneurial Managers

目录

听

创业演绎的管理韵律

创业大佬们的演唱会
创业英雄喜欢的好歌曲
创业改变颜值
重混：创业者应做“唱片骑士”

创业大佬们的演唱会

写在前面的话

这是一张名为《创业》的歌曲专辑。出品方是那些在路上的创业者们，每一首歌都是一位创业者所中意的歌曲。当然，这张专辑不是随意拼凑的大杂烩，而是一件饱含匠心的创业作品。因为将这些歌曲串在一起并让它们富有创业活力的根基，来自于“创业教育之父”、美国百森商学院杰夫·蒂蒙斯教授的思想体系。图 1 是蒂蒙斯创业模型，它不仅在创业教育和研究领域广为流传，而且在实践中指导了众多的创业者。总体上，这套理念创业可以被视为启航（包括创业者/团队、机会和资源等要素）、建构（包括模糊性、不确定性、外部力量、资本市场和商业计划等要素）和成长（沟通力、领导力和创造力等要素）三个环节，每个环节及每个环节所包含的要素，相互作用并推动着创业活动的进行，同时，各环节和要素之间始终保持着动态的平衡，从而让创业得以持续和发展。

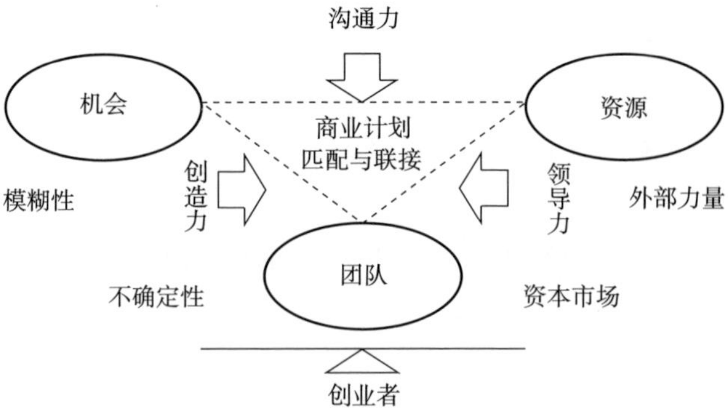

图 1　蒂蒙斯创业模型

这个模型为《创业》专辑的设计，提供了完备且独到的思路。按照这个设计思路，可以梳理出专辑的编排体系，然后，根据每一个创业要素，结合真实创业者的亲身经历，从他们所喜欢的众多歌曲中，精挑细选那些契合这些关键要素的歌曲，从而打造出了这张具有精选意味的《创业》专辑。从下页表 1 的歌曲清单中，我们能看到不少脍炙人口的流行曲目，但是，当我们看到喜欢这些歌曲的现实中的创业者大名，相信耳边响起的旋律，就不再是一些简单的音符，还会有一股创业的节奏。

这张《创业》的专辑，不是为了总结创业者喜欢的歌曲，而是为了让美妙的音乐作品和精彩的创业实践碰撞，在创业元素、歌曲寓意和创业者经历交织的乐章中，用音乐的语言，描绘出创业者的心路历程，并展示出他们蕴藏在歌声中的创业领悟和心得。“乐圣”贝多芬说得好：“音乐是比一切智慧、一切哲学更高的启示。”相信这张专辑，除了走心，还能够醒脑。希望这样的融合，不仅能让创业者爱上音乐，让音乐使创业征途变得更加美丽，还能让创业者爱上创业，让创业之路成为一场艺术之旅。

表 1 《创业》专辑的设计思路和歌曲清单

创业主题	创业要素	《创业》专辑歌曲	歌曲推荐人
启航	创业者	01《想象》	史蒂夫·乔布斯
—	团队	02《朋友》	马云
—	机会	03《火光》	马克·扎克伯格
—	资源	04《美国》	杰夫·贝佐斯
建构	模糊性	05《蓝莲花》	俞敏洪
—	不确定性	06《爱你在心口难开》	周鸿祎
—	外部力量	07《向天再借五百年》	王健林
—	资本市场	08《三百六十五里路》	李彦宏
—	商业计划	09《夕阳醉了》	曹国伟
成长	沟通力	10《感恩的心》	雷军
—	领导力	11《真的汉子》	丁磊
—	创造力	12《燃烧殆尽》	埃隆·马斯克

第一篇：启航

第 01 首：创业者之《想象》（Imagine）

这首歌是苹果创始人史蒂夫·乔布斯最钟爱的歌曲之一。乔布斯是披头士乐队的“发烧友”，主唱约翰·列侬的这首《想象》，一直珍藏在乔布斯的 iPod 和 iPad 里面。歌曲节奏舒缓，让人精神放松，但是，藏在歌声里的，还有一股暗涌的激情。歌曲开篇唱道："想象这个世界没有天堂，只要你想象这事很轻松。想象这个世界没有地狱，在我们的头顶只有天空。想象世间所有的人，只为今天而活着。想象这个世界没有国家，只要你去做，这事并不难。"结尾处，更加契合乔布斯身上的创业特质："你也许会说，我是个梦想者，但是我不是唯一的一个。我希望有一天你会加入我们，那世界将会合一。"创业者是创业的起点，乔布斯的传奇和他钟爱的这首歌曲，也为我们开启了一幅浩瀚的创业画面。场景中心是王者般的创业者，他们在"想象"的引领下前行。

创业者是创业过程的起点要素，更是最富生命力、最具能动性的要素。创业研究从一开始，就关注了创业者这个特殊的群体，想要找到发现和评价创业者的标准。美国哈佛大学在20世纪60年代创办了创业历史研究中心，这也是世界上最早的创业研究中心。它的主要任务之一就是试图找出能够从芸芸众生中识别创业者的科学途径。可是，在这段漫长的时间里，他们的研究努力却没有找到答案。时任创业历史研究中心主任阿瑟·科尔教授曾感叹："十余年时间，我们执着于定义'谁是创业者'，但是，却一直没有成功，因为我们每个人都有着各自的定义，而且我坚信，其他学者也都在对创业者进行着不同的界定！"这种创业特质研究的前提就是，创业者是天生的而非后天塑造的，可是，学者们至今没有找到那套基于先天人口统计特征的创业基因“密码”。不过，心理特征视角已经为创业者研究打开了大门，而心理特征或素质在一定程度上是可以改变和培养的，是可以通过后天实践习得并提高的。《想象》这首歌曲唱出的那股无形却能震撼人心的“想象”力，不就是创业者心理世界中能够创造奇迹的无限潜能吗？最重要的是，“如果你愿意，这个奇迹会实现”，这一句话，也正在这首歌曲里。

第 02 首：创业团队之《朋友》

这是阿里巴巴创始人马云在淘宝十周年庆典晚会上唱的歌。在现场，他宣布卸任阿里巴巴 CEO，并倾情演唱了这首周华健的代表作。在歌声里，相信马云和熟悉马云的每一个人，都会想到“朋友”的创业学名“团队”。这首歌的歌词无须赘述，“一句话一辈子，一生情一杯酒”的副歌部分，大江南北会唱的人很多。其实，前奏的寓意也非常深刻。歌曲以一段夹杂普通话、闽南语、广东话、英语和马来语的不同人声作为开场，随即跟上的是具有传统色彩的和声，带着一股排山倒海的阵势。整首歌曲具有开阔的气势，和马云那句“让天下没有难做的生意”豪言相得益彰，同时，也让人很自然地想起与马云“风也过雨也走”的创业团队。他们被誉为“十八罗汉”，这个比喻除了说明他们是得力的干将，也能反映出“一声朋友你会懂”的情谊。联想创始人柳传志的管理三要素之首——“搭班子”，与这首歌曲所传递的团队信息，有异曲同工之处。2015 年初，柳传志在参加央视一档节目时说，就想听马云唱歌。也许，这首《朋友》还可以唱给更多人听？

没有人否认创业团队对创业者的重要意义，就像每个人的一生都离不开朋友相伴。柳传志说领导是那个1，后面的人就是0，讲的也是创业者和团队共生的道理。不过，创业团队的构建和凝聚，与寻找“知音”一样，并非易事。携程创业团队的故事，已经被太多团队研究剖析，无论学者还是创业者，都在找寻创业团队管理的良方，不过，“药引子”可能就藏在“朋友”两字中。朋，意味着相连，但相连不等同于彼此相似，相反，在迅速变化的环境中，创业团队的异质性反而更具价值。美国北卡罗来纳大学的迈克尔·恩斯利教授，通过对美国成长型企业500强资料的实证研究发现，虽然创业团队具有异质性和环境动荡性，各自都不利于新企业利润的提升，但是，当两者交互在一起时，却能够共同促进新企业的成长。友，代表着会意，这份默契在创业过程中，体现在团队成员对愿景的认可上。虽然每一个创业团队都有着各自不同的理念，但是，依靠具有目标引领作用的愿景，来凝聚信念和形成合力，对创业成长具有重要价值。正如《朋友》所唱，“有过泪有过错，还记得坚持什么”；“终有梦终有你，在心中”。是的，你我不同梦相同，坚持梦想并一起走下去，正是《朋友》为创业团队喊响的号角。

第03首：创业机会之《火光》（*Lighters*）

说唱巨星阿姆和情歌小王子布鲁诺·马尔斯共同演唱的这首歌曲里，有被Facebook创始人马克·扎克伯格认为是自己最喜欢的歌词。歌曲开始是马尔斯的深情吟唱：“这首歌送给你我，跳出梦境，让梦想成真……敞开双臂，睁开双眼，现在我只想看见，充满火光的夜空。”然后是阿姆强劲的大段说唱：“……我不允许你们这些懦夫搅乱我的世界，战士坚持战斗。点亮你的火把，让火光直指天空……”而扎克伯格最喜欢说唱中的这一句：“我做了一个梦，我是王者。梦醒过后，我仍然还是王者”。创业者爱做梦，但让梦变为现实的，正是机会。机会来自于创意，但不等同于一闪而过的创意火花。机会是照亮天空的火光，把创业者的梦想变为现实，为梦醒时分的创业者指出王者之路。美国《财富》杂志一位资深科技记者这样评价扎克伯格，他很清楚Facebook未来要怎么发展，他的视野非常广阔。

与创业者在创业过程中扮演主体角色不同，机会是创业的核心要素。在创业研究中，机会是创业有别于其他管理活动的关键所在。但是，作为一个缺少现实载体的要素，机会是什么、在哪里，也让创业者绞尽脑汁。著名经济学家伊思雷尔·柯兹纳教授认为，机会是未明确的市场需求或未充分使用的资源或能力。由于信息不对称等多种因素的存在，机会总是被少数人首先发现并被成功开发。这就引发了下一个问题，为什么是有的人而不是其他人看到了机会？关于机会的来源，管理大师彼得·德鲁克认为有意外、不协调、程序、产业结构、人口特征、认知变化和新知识七个方面，而新知识是其中的“超级巨星”。近几年，关于机会从何而来，又有了新的发现，创业决策研究的著名学者萨拉斯·萨拉瓦西教授指出，创业者不是只能“发现”机会，还可以“创造”机会。创业过程，不仅是在为问题的原因找答案（因果逻辑），更是在现状和既有条件的基础上追寻尽可能好的结果（效果逻辑）。因此，机会像一道“火光”，可以是“蓦然回首处的灯火阑珊”，也可以是《火光》所唱的，被点亮的手中的火把。

第04首：资源之《美国》（*America*）

亚马逊创始人杰夫·贝佐斯非常喜欢这首歌，虽然他曾把这首歌曲说成是披头士的作品，惊呆了想要和他聊聊音乐的员工小伙伴们。这首歌曲由美国男声双重唱组合西蒙和加芬克尔演唱，讲述了一位男青年向女友求婚后一同追逐美国梦的故事。歌曲开场是一段男青年向女友的表白，充满生活的气息，还能让人嗅到“融资”的味道：“我们结婚吧，我们的财产将合二为一，我的包里有好些固定资产呢。买一包雪茄和 Wagner 夫人的派，然后我们一起去追寻美国梦。”这不禁使人联想到贝佐斯创办亚马逊时的家底：自己出资 1 万美元，父母投资 10 万美元，其他大部分都是亲朋好友的借款甚至是友情赞助，而贝佐斯的妻子原本是一位有追求的小说家，后来则到亚马逊成为公司第一个正式的会计师。看来，这首歌不仅讲了一个爱情故事，也在告诉人们创业启航时资源的基础地位。当然，资源对于创业而言并不是越多越好，还要看创业者的整合能力和对机会的追求，就像歌尾处反复唱的“追梦、追梦”。

创业的重要理论根基之一就是资源基础观。这种观点认为，企业是一组资源的集合，创业可以被视为资源整合的过程，但是，创业是不拘泥于现有资源水平，对机会价值的开发和实现过程。那么，资源对于创业，到底多少合适呢？创业者通常会感到资源匮乏，不过，这对创业而言，可能并非坏事，甚至能变成好事。专门研究创业与成长型中小企业的美国《公司》（*Inc.*）杂志曾报道了这样的创业观点，缺少资金、设备、雇员，甚至缺少产品，会迫使创业者努力依靠自有资源，集中精力于能够带来收入和回报的业务。而这也得到了哈佛大学霍华德·史蒂文森教授的研究证实。他发现，创业者在创业的各个阶段，更倾向于用尽量少的资源来获取更多的收益。这种理念在 2010 年被美国学者杰弗里·康沃尔用“步步为营”（Bootstrapping）进行了概括，也就是创业者在资源缺乏的情况下，会分多个阶段投入资源并且在每个阶段或决策点投入最少的资源。因此，比起占用资源更重要的是对资源的整合，就像《美国》这首歌开篇介绍的策略：用你的钱包，撬开别人的钱包，你们拥有了共同的财产；先买你爱的雪茄和她爱的派，然后一起上路去追寻很大的梦想。

第二篇：建构

第 05 首：模糊性之《蓝莲花》

这是俞敏洪在 2015 年初开启洪泰基金新合伙人时代唱的一首歌。当时是一场创业者晚宴，面对台下青春无敌的创业者，他演唱了许巍的这首歌曲。《蓝莲花》的创作初衷是写给玄奘的，表达了对信念坚定者的敬意。歌的曲调并不激昂，歌词也很少，但是，却带给了听众震撼的力量。“穿过幽暗的岁月，也曾感到彷徨，当你低头的瞬间，才发觉脚下的路。心中那自由的世界，如此的清澈高远，盛开着永不凋零，蓝莲花。”创业何尝不像玄奘西征，风沙万里长，妖魔鬼怪挡，眼前的漫漫征程，并不是一条清晰的大道。还是在 2015 年，一个著名的商学院请俞敏洪为学员讲课，俞敏洪在电话里婉拒：“我现在给年轻人讲不了课，但我自己去当学生可以。”对方吃了一惊。在俞敏洪看来，即便他现在是最富有的英语老师，但是今天的年轻人，还有许多他不明白的地方，有些甚至需要他来学习。不过，象征重生的蓝莲花，似乎昭示着，创业者需要面对这种模糊性的探索，才有可能不断清晰机会的方向并收获创业价值。

在模糊性的情境中，创业者需要“摸着石头过河”，而这种摸索和探索，就是创业者学习的过程。新近创业研究认为，创业者能力之所以能够随着实践而得到发展，原因就在于创业者的知识来自于经验的学习。学习过程的内在心理机制，既有“反思机制”，即对创业经历的回忆、清理、整合、分享，也有“理论化机制”，即运用已有知识背景及概括能力将反思结果归纳为知识。就像玄奘取经回来，既有翻译的经书，同时，也有自述的著作，更难得的是，他翻译的经书，被称为“新经”，也是自己思想的呈现。当下兴起的精益创业和迭代创新理念，其实也体现了创业学习的特点，那就是从简单的原型出发，通过摸索学习和有价值的反馈，不断实现优化和创新。2014 年底，张瑞敏在谈到“创客”海尔的平台化时提到，“我们在和用户交互的过程当中，不断迭代”，“这是一个试错的过程”；以前的竞争对手对准西门子等，现在的“真正竞争对手估计是跨界者”。而在这种模糊性中如何学习，张瑞敏的一句话，也给出了答案：“自杀重生，他杀淘汰”。歌曲中的“蓝莲花”象征着重生，也是不断学习的创业者终将看到的美丽。

第 06 首：不确定性之《爱你在心口难开》

360 公司创始人周鸿祎在 2014 年的一个音乐盛典上说，他的女神就是唱《爱你在心口难开》的张蔷，并在现场点了这首歌来听。虽然这是一首表达暗恋情愫的老歌，但是，歌曲里所描述的那种没把握却又不愿放弃的心情，创业者在不确定性情境下探索机会时，同样也能体会得到：“爱你在心口难开。我不知道应该说些什么。一天见不到你来，就好像身边少了什么。你可知道我在爱你，怎么对我不理睬。请你轻轻告诉我，不要叫我多疑猜。”有人会说，大胆表白不就万事大吉了？现实中的恋爱没那么简单，创业亦是如此。2015 年 5 月 20 日，也是中国不少网友眼中的本土情人节，“红衣大炮”周鸿祎的 360 和“任大炮”任志强的华远地产“牵手”。前来为两家企业喜结连理站台的潘石屹，在表达祝福之余，也表示双方想干什么还不清楚，不过，“盖房子要先有样板间，360 与华远地产应该先建出个样板间来”。可以说，面对政策环境与消费需求等巨大变化，创业者依然充满对机会的“爱”，但是，出路的进门“口”依然还是难开。

不确定性是当前创业情境的重要特征，每一位创业者对未来状况都或多或少无法确知。不过，有人认为，当前的大数据时代，为创业者提供了准确把握机会趋势的手段。实际上，大数据对创业的影响，并非限于信息处理工具的层面，而是从思维和行为模式上，挑战了创业者的认知和决策。美国《福布斯》杂志 2014 年 6 月的一篇文章指出，数据的预测能力被过分高估，当创业者依赖于一些体系并不规范的数据时，他们据此制定出的决策的负面影响，将会是深远的甚至是致命的。谷歌流感预测（Google Flu Trends，GFT）项目合作发明者马特·莫赫比就在媒体上承认，孤立地看 GFT 项目，它的确是不精确的。但是，他也认为当前对大数据的分析，有一种认识上的误区，那就是，人们总想着把它当作一招就灵的预测工具，而实际上它更应该是一个能“发挥互补作用的信号”（Complementary Signal）。由此可见，创业者遵循从信息收集和分析到实施行动的行为逻辑，但是，在创业者行为背后看不到的认知差异，就像歌里的关键词“猜”背后丰富的心理活动，最终导致了识别机会质量和数量的差异。

第 07 首：外部力量之《向天再借五百年》

这是万达董事长王健林在公司 2015 年年会上演唱的歌曲，曾作为电视剧《康熙王朝》的主题曲而妇孺皆知。创业不是孤胆英雄的个人故事，需要借助外部力量，而《向天再借五百年》的歌名，就兼具王者的霸气和宽广的视野，难怪会感染和鼓舞众多拼搏路上的人们。2015 年 5 月，万达和万科两大巨头“联姻”，给公众以巨大的想象空间。对此，王健林在发布会上表示，这不是“抱团取暖”，而是代表一种趋势，“那就是中国的企业不仅有竞争，更多是合作，从竞争走向合作是大方向”。《向天再借五百年》中还唱道：“看铁蹄铮铮踏遍万里河山，我站在风口浪尖紧握住日月旋转。”如果真的能将日月紧握，向天再借五百年并不困难。因此，创业者在资源整合过程中的向外借力，关键还是要做好内功。万达计划在未来五年全方位迅速转型为一家商业投资服务公司，目前，正在借力上海自贸区。这样看来，竞争对手可以成为合作帮手，陌生人能够变成自己人，服务创业者的外部力量阵容，真是“一切皆有可能”。

创业者借力的天，在现实中也体现为一种制度环境。经典制度理论认为，制度是由三个维度构成，即表现为规章、法律、政府政策等规章制度，包含社会共享的知识、信息、人们的技能等认知制度，涉及文化与人们的行为准则的规范制度。2013 年，芬兰图尔库大学的派卡·斯登霍姆教授、美国乔治梅森大学的佐尔坦·阿克斯教授和美国犹他大学的罗伯特·乌布克三位教授，在创业顶级学术期刊发表的论文，提出了制度的“第四极”，即“助力性维度（Conductive Dimension），认为这个维度为解开制度与创业机会的关系提供了新的视角，具体表现在信息技术相关法律、产学联系、风险资本可得性和前沿技术可得性等方面。与关注制度对创业影响的思路不同，新兴的制度创业研究则认为创业能够解释制度的变革，创业者认识到改变现行制度或创造新制度所蕴含的潜在价值，通过建立并推广获得认同所需的规则、价值观、信念和行为模式，从中创造和开发盈利机会。这样看来，“向天再借五百年”的背后，还包含着开创新天地之意。借力，不仅需要制度的助力，更需要发挥创业者的行动主体作用。

第 08 首：资本市场之《三百六十五里路》

这是李彦宏在百度上市一周年时，播放给员工的歌。那天，李彦宏在自己的空间贴出这首歌的歌词，“三百六十五里路呀，岂能让它虚度？我那年万丈的雄心，从来没有消失过，即使时光逝去依然执着！”三百六十五，不仅代表了上市的 365 天，也折射出李彦宏对资本市场的一段心路历程。硅谷新一代创投导师本·霍洛维茨在自己最新出版的《创业维艰》一书中，提到了百度上市时的李彦宏。书中写到，公司 IPO 应该是一个创业者最快乐的时刻之一，但是，李彦宏却是诚惶诚恐：当开盘股价大涨时，“我的感觉确实苦涩，这意味着我的实际业绩必须要大大高出预期业绩，我别无选择，只好埋头于运营、专注于技术和用户体验，最后，我终于交差了”。资本市场对创业者充满诱惑，但是，在资本市场中搏击和获胜，却并非易事。就像歌中还唱道：“三百六十五里路哟，从故乡到异乡；三百六十五里路哟，从少年到白头。”

资本市场让创业者“为了理想，我宁愿，忍受寂寞，饮尽那份孤独”，也深刻反映出了融资对创业建构的关键作用。由于信息不对称、环境不确定等多种因素的影响，创业者起步时的融资并不容易。一项统计显示，包括企业、对冲基金、互惠基金、私募股权公司和风险投资公司在内的投资者，2014 年对美国私营公司投资了 521.2 亿美元，其中，有 313.5 亿美元投向了成熟公司；同时，由于股权和治理的问题，也有许多高增长公司拒绝上市。不过，哈佛商学院驻校企业家埃里克·莱斯则认为，从“零”开始的创业者在融资方面也存在有利因素甚至是优势。例如，比起有少量营业额的既有企业，在零收入、零顾客数、零进展的状况下，更容易筹到资金或寻求其他资源。因为低收入的状况，通常会令人质疑其将来实现高收入的可能性，而“零”起点却让人有了遐想的空间。总之，创业者需要在成为“富翁”还是“国王”之间不断选择，并在资本市场冲出一条融资“三百六十五里路”。

第09首：商业计划之《夕阳醉了》

2011年，新浪年会现场，董事长曹国伟在全场数千名员工面前第一次献唱，动情高歌了这首张学友的经典老歌。《夕阳醉了》表达了歌者为爱迷醉、盼望爱情早日降临的心情。“夕阳醉了，因我的心早醉掉。寻寻觅觅这一生因你，寻寻觅觅这缘分接近。红红泛着酒窝的浅笑，何时愿让我靠近。”这份痴醉的心情也很接近创业者形成和完善商业计划过程中的千愁万绪。从创业建构的角度来看，商业计划是一个重要的整合环节，需要用语言和规则，将创业的各种要素进行匹配并保持动态平衡，而思考、完成商业计划并将其付诸行动是一个百转千回的过程。2009年，曹国伟推出新浪微博，“希望利用微博进行第二次创业”，但是，微博的商业模式并未较早地为曹国伟带来盈利。在2014年第四季度，微博迎来上市后首次单季度盈利，不过，面对微博鼻祖推特当年四个季度的净亏损，还有竞争对手微信的持续冲击，微博未来该如何规划，依然会让曹国伟“醉”心。

不过，商业计划对创业者到底有多大价值以及该怎样形成，依然存在着争论。创业动态跟踪调查项目（PSED）针对多个国家创业者进行的大规模调查显示，制订创业计划是创业者在创业时必须完成的23项关键活动之一。而一项针对美国百森商学院1985—2003届毕业生创建的116家新企业的实证研究发现，制订正式商业计划的企业，与没有制订商业计划的企业，在绩效指标上并无统计意义上的差异。甚至还有学者提出，一些成功创业者的计划书，不过是一两张纸甚至是餐巾纸，没必要为此浪费时间和资源。面对这种冲突，“即兴发挥”观提供了一个思路，这是指创业要强调计划与行动并举，既要迅速反应，又要创造性发挥，是否制订计划以及制订什么样的计划，需要依据机会、资源和环境等进行选择，而“计划—行动”动态匹配的方向，不是随意性的，而是有目的的突破，就像《夕阳醉了》歌中所唱，“唯愿心底一个梦变真”。

第三篇：成长

第10首：沟通力之《感恩的心》

小米在2014年上半年创造了手机销售2611万台、同比增长271%的惊人业绩，创始人雷军在7月2日自己的微博上，唱了这首歌。“感恩的心，感谢有你，伴我一生让我有勇气做我自己。感恩的心，感谢命运，花开花落我一样会珍惜。”这首台湾著名音乐人陈志远创作的歌曲，充满了温情，甚至还有手语版本。雷军用这首歌表达了自己“感恩的心”，也是在与所有人沟通。沟通是连接机会和资源的纽带，让机会可以延揽更多的资源，让资源愿意汇聚到机会当中。雷军在沟通上花了不少心思，如自己冲到营销一线，如饱受争议的饥饿营销。2015年4月，雷军在印度小米4i发布会上飙英文，引来众网友围观甚至是恶搞。对此，雷军第二周便在微博上回应："我上台讲了几句英文，主要是想娱乐一下印度米粉。万万没想到，视频火速传到国内，全国人民都笑了。"但是，也有人说这是他有意为之。不论怎样，通则不痛，有效的沟通可以让创业者和消费者一起笑。这不，2015 年 5 月，小米商城英文站在美国、英国、德国、法国四个国家正式开启，雷军"感恩的心"还要继续唱响。

需要说明的是，沟通力不等同于营销或者广告，其反映出的深层次问题是，创业者为了实现机会和资源之间的契合，而如何获取合法性的问题。合法性是在特定规范、价值观、信仰和定义的社会构建体系下，社会群体对某一实体行为适当性的一般认知和设想，而创业过程也可以被视为创业者通过网络向利益相关者传递合法性的过程。伟大的发明家爱迪生，当年在推广他的电力照明系统时，也用了沟通力来获取和传递合法性。他努力争取当时华尔街大财团的支持，其中，就包括美国最大的煤气类股票的所有者，而且，最初设计的电力照明系统，还采用了既有的煤气系统的设计元素，以便更易被大众理解与接受，不过，也保留了新的电力系统在技术上的优越性与发展潜力。也许有人会拿乔布斯的苹果那套"封闭"的系统作为反例，但是，当我们看到，乔布斯每次都主动选一个竞争对手，作为自己新产品的"攻击"对象，向消费者传递新产品如何"战胜"它们时，不难理解，他其实和爱迪生一样，都在“依靠”竞争对手获取合法性，只不过是一种看上去不那么友好的方式。所以，歌声中的“感谢有你”，也包括向那些竞争对手表示感谢，因为他们让创业者“有勇气做我自己”。

第 11 首：领导力之《真的汉子》

网易创始人丁磊在 2013 年网易云音乐发布伊始，以一名用户的身份，将这首歌排在了“我喜欢的粤语歌曲”榜单前列。林子祥这首《真的汉子》，唱得铿锵有力、掷地有声：“做个真的汉子，承担起苦痛跟失意，投入要我愿意，全力干要干的事。”而且，歌中的真汉子并不孤单，“同做个血性男儿，愿同到世间闯一次”。在创业过程中，领导者是谁很重要，更重要的，是创业者身上的领导力。这股力量将创业者和创业资源紧紧相连，吸引和激励更多优秀的人和创业者一起追逐梦想。网易有道副总裁、有道词典总经理包塔对丁磊的放权状态印象深刻。他记得有道最初只有一名程序员，受到丁磊的关注之后，丁磊会隔三岔五地问用户量怎么样了，从来没有问过赚了多少钱。据说，后来好评如潮的“网易公开课”，同样是一名员工径直走进丁磊办公室，说老板我想做这么个东西，丁磊静静地听了几分钟，也就答应做了，结果“三年花了一个多亿”。领导力对创业者而言，就是这样一门高度平衡的艺术，在未来愿景和生存现状之间，“怀着斗志向竞争的圈里追”。

值得注意的是，创业过程中的领导力，与传统管理领域的领导力并不是一个概念，而是体现为一个新兴的主题——创业型领导。这是一种创造愿景并据此号召和动员组织成员，并使大家承诺对价值创造进行发现与探索的领导方式，是快速变化、模糊不确定环境，对创业者领导力提出的新诉求。创业型领导包括两个维度，一个是情景扮演，是指在当前资源约束的条件下，预想和创造那些一旦被抓住就可以对当前的处理方法进行彻底变革的机会；另一个是任务扮演，是指使潜在的追随者和公司的股东确信在这个情景下，通过整合资源和改变当前的处理方法，是可以成功实现预期目标的。星巴克董事长霍华德·舒尔茨在2011年出版的《一路向前：星巴克怎样为不失去灵魂的人生而战》一书中，说过这样一段话："我父亲是个快垮掉的蓝领工人，他的价值没有得到体现，没有受到尊重，这使他觉得辛酸和愤怒。我想让星巴克成为不遗弃任何员工的公司。"这本书名和这句话相得益彰，反映出创业型领导构建挑战和建立承诺的行动方式，而这在《真的汉子》中也可以听得到，"人生有特殊意义，能改变我的际遇"。

第12首：创造力之《燃烧殆尽》（*Burn It Down*）

特斯拉创始人埃隆·马斯克在向彭博社记者展示特斯拉车内的完美音响时，将林肯公园的这首歌作为自己的首选曲目。《燃烧殆尽》由一段由慢到快的动感前奏，营造出一种躁动的氛围，然后，主唱的声音冲了出来，用一句句有力甚至蛮横的歌词，告诉你要烧掉什么："命运在重复着，当爆炸在天空出现，我所需要的，是我在这个世界找不到的。而你站在那儿，等着要让我明白：我们建立起世界，将它彻底摧毁；我们建立起世界，再把它化作火光，燃烧殆尽。”正如主唱嗓音的爆破力，马斯克的颠覆创新也充满了爆破力。他将互联网、电动汽车、光伏发电和航天这些看似毫不相干的领域相连，肆意挥洒着自己的创意，再造这些产业的商业模式甚至商业生态。马斯克说：“我倒不是说一定要破坏，非要搞颠覆性的创新，但是，有一些很重要的东西是需要实现的。为了达到这个目的，一定要有些颠覆的话，我还是会做的。”这种“燃烧殆尽”，就是创业者的创造力，通过“创造性的破坏”，使创业者实现机会价值并创造出新事业。

熊彼特的创新理论强调这种“创造性的破坏”。他认为创新包括引入新产品、引进新技术、开辟新市场、发现新的原材料、实现新的组织形式，而且，创新是内生的，能带来革命性的变化，在具有破坏性的同时还能够创造出新的价值。张维迎在 2014 年自己的新书《企业家：经济增长的王国》读书会上说，我们可以看到的大致是三类企业家：创造新产品、新产业的企业家，比别人做得更好的企业家，以及以最低的成本按订单生产的企业家。第一类企业家最少，是真正的商界领袖。他们所关注的也是能够推动国家向创新推动增长转型的创新型企业。值得马斯克注意的是，谷歌在 2015 年 5 月召开的 Google I/O 网络开发者大会上宣布，全球已有超过35个汽车品牌参加Android Auto项目。汽车正在被看作智能系统的未来生态趋势，而美国媒体现在最推崇的汽车创新公司是谷歌。I/O表示“输入(Input)/输出（Output)”，而代表“开放中创新”（Innovation in the Open）的寓意，应该是谷歌更为关注的。因此，创业者的创造力，是一种没有边界、不会消退的创新，“燃烧殆尽”也不等同于自己或对手的失利，而是代表着对旧模式的“毁灭”和对全新价值的创造。

尾声

雨果说，音乐是思维者的声音。不知这张《创业》专辑的3个篇章、12首歌曲过后，你能否听出一位位创业者在路上的脚步声？并收获他们创业故事背后的创业体验？如果要给这张专辑制作一段宣传片，演出者将会有：充满“想象”的乔布斯，拥有“朋友”的马云，手举火把让“火光”冲天的马克·扎克伯格，实现“美国”梦的贝佐斯，追逐“蓝莲花”的俞敏洪，“爱你在心口难开”的周鸿祎，高喊“向天再借五百年”的王健林，跑在“三百六十五里路”上的李彦宏，还有怀揣“感恩的心”的雷军，唱着“真的汉子”的丁磊，吼出“燃烧殆尽”的马斯克。他们的台词，是各种打动人心的句子，而片尾响起的将是《想象》这首歌的结尾：“你也许会说，我是个梦想者，但是我不是唯一的一个。我希望有一天你会加入我们，那世界将会合一。”没错，尾声，却标志了新的开始，正如每一次的创业都是在告别和重新出发。相信总有好的音乐，不会从创业者心中淡去，也将会伴随他们并激励更多的创业者永远走下去。

注：本文原标题：《歌声飘过创业路》。

本文主要内容刊发于《中欧商业评论》2015 年第 7 期和第 8 期（标题同本文）。

创业英雄喜欢的好歌曲

每一位打造光辉事业的创业英雄，通常都会有中意的走心歌曲。这些歌曲，不是仅供娱乐消遣的节目，也不是只能安神休闲的“鸡汤”，而是创业者心路历程的见证、创业经历的凝结，还成为能够引领他们甚至更多人在创业征途上不懈进取的力量。孔子说，“兴于诗，立于礼，成于乐”，音乐对人的成长和完善具有重要的意义，那么，歌曲对创业者的意义，是不是也极具价值呢？从以下八位创业英雄和他们喜欢的好歌曲里，可以得到肯定的回答。

史蒂夫·乔布斯和《世界正在改变》：创业者的精神世界

苹果的产品让人们尽享音乐之美，而乔布斯本人也是一位音乐“发烧友”。《乔布斯传》中提到，在乔布斯的iPod和iPad里，始终珍藏着鲍勃·迪伦和披头士的专辑。有人问乔布斯，如果地下室着火了，只能救出一套碟片，在滚石和披头士当中，你会选择哪一张？乔布斯回答：披头士。不过，他后来又说，如果让我在披头士和鲍勃·迪伦当中取舍，那就非常困难了。鲍勃·迪伦的《世界正在改变》（*The times they are a-change in*）是乔布斯所钟爱的歌曲之一，曾被滚石评为“500首历史上最伟大的歌”。

这首歌创作于20世纪60年代，初衷源于当时的社会历史背景，不过，如今这首歌已经具有了新的内涵，人们从歌声中，更多地感受到的是对不断变化着的世界的认识和体会。歌中唱道：“如果你觉得你的时间有价值，那你最好开始游泳，否则你会石沉大海，因为世界正在改变”；“把眼光放远，机会只有一次，别过早下结论，因为车轮还在转动，今天的失败者，将会成为明天的胜利者，因为世界正在改变……”听到这里，可以设想一下，乔布斯在这首节奏轻快的歌里，除了得到精神上的放松，应该还能够获取到某种力量，或许，那就是藏在歌声暗涌里的创业激情。

伴随鲍勃·迪伦独特的演绎，这首歌营造出一个生动的场景，“全世界的老爸老妈们，你们来吧，别再批评指责，你所不能理解的儿女们，不会再听话。老路是行不通的，如果不能搭把手，就让开一条新路，因为世界正在改变”。这样的歌，让人放松甚至放纵，蠢蠢欲动想去改变的世界里看一看。这与乔布斯那句最为经典的语录异曲同工：“活着就是为了改变世界，难道还有其他原因吗”。

创业者何尝不是在用自己的行动，演绎“改变”的乐章？在创业者眼中，危机四伏，往往隐藏着有价值的机会；

囊中羞涩，却可以整合资源并干成事业；能力有限，也不乏好兄弟助一臂之力。正是保持着这种“改变”，让这股力量引领着自己的行动，创业者才能像歌中写的那样，让“现在的第一名，变成最后一名”。《道德经》里有一句话，“天下万物生于有，有生于无”，张瑞敏非常推崇“无”所发挥的作用，对于创业而言，“无”所代表的无形的东西，就是一种创业者看似虚无、实则能生万物的精神世界。创业的核心在于机会，创业者对机会的敏感和警觉，是制胜的关键。而“改变”，也正反映了乔布斯具有的这种创业特质。

杰夫·贝佐斯与《美国》（*America*）：创业者的幸福定律

与乔布斯不同，亚马逊的创始人贝佐斯对音乐似乎了解并不多，虽然他也知道披头士是唱歌的。在亚马逊的员工中流传着这样一件事，有人准备就披头士音乐对贝佐斯进行访谈，但是，当他们听到贝佐斯说，《美国》这首歌曲是他最喜欢的披头士歌曲时，小伙伴们都惊呆了：因为他们的老板居然不知道，这首歌曲不是披头士的作品，而是美国一个男声双重唱组合西蒙和加芬克尔（Simon & Garfunkel）演唱的。暂且把贝佐斯的音乐素养放到一边，这个误会至少说明，他对《美国》这首歌情有独钟。那么，这是一首什么样的歌呢？

《美国》的演唱者，用细腻的声音，以一段男生向女友的“表白”开始：“我们结婚吧，我们的财产将合二为一，我的包里有好些固定资产呢。买一包雪茄和 Wagner 夫人的派，然后我们一起去追寻美国梦。”然后，歌里描绘了小两口从匹兹堡到密歇根一路上见到的人、看到的风景，结尾处这样唱道：“月亮从宽阔的田野尽头升起，虽然我知道 Kathy（妻子的名字）已经睡着了，但是我还是对她说，‘我迷失了’。我感到空虚而且疼痛加身，但却不知道为什么。行驶在新泽西高速公路上的车啊，它们都是去追寻美国梦、追寻美国梦。”

这首歌不仅讲了一个爱情故事，也仿佛在描述一位创业者，在辛苦“追梦”的路上，如何与幸福相伴。贝佐斯曾谈到准备创办亚马逊时与妻子的对话：“那时我刚刚 30 岁，结婚才一年。我告诉妻子 MacKenzie 我想辞去工作，去做一件疯狂的事情，很可能会失败。MacKenzie 告诉我，我应该放手一搏。”这种幸福的支持，柳传志也有体会。他在 40 多年前与一同下乡劳动的妻子结为伉俪，此后两人一直相扶相依，共同面对各种挑战。柳传志说，幸福就是“每个周末带着妻子围着颐和园散步，抑或是陪着妻子逛商场”。可是，新近研究发现，工作和家庭的平衡，对创业者而言并非易事。从这个角度来看，《美国》用诗一般的语言传递的温情，何尝不是创业成功的幸福定律。

埃隆·马斯克和《燃烧殆尽》（*Burn It Down*）：创业者的颠覆创新

生于 20 世纪 70 年代的特斯拉创始人马斯克，喜欢的音乐类型广泛。他说在“第四大男高音”安德烈·波切利（Andrea Bocelli）的歌声里，能够感受到世界的无限美好，而在“喜剧界披头士”蒙提·派森（Monty Python）的音乐里，可以提升自己的幽默感。2013 年，他在向彭博社记者展示汽车的完美音响效果和无所不包的音乐软件时，却把林肯公园（Linkin Park）的《燃烧殆尽》（*Burn It Down*）作为自己的首选曲目。

林肯公园这支乐队已广为人知，《燃烧殆尽》这首歌在 2012 年一经推出也是成为打榜热门，还被选为 NBA 季后赛主题曲。那么，马斯克中意它的理由，仅仅是想用摇滚的节奏和呐喊来展示汽车的音效吗？《燃烧殆尽》由一段由慢到快的动感前奏，营造出一种躁动的氛围，然后，主唱的声音冲了出来，用一句句有力甚至蛮横的歌词，告诉你要烧掉什么：“命运在重复着，当爆炸在天空出现，我所需要的，是我在这个世界找不到的。而你站在那儿，等着要让我明白：我们建立起世界，将它彻底摧毁；我们建立起世界，再把它化作火光，燃烧殆尽。”有人说，主唱的嗓音具有爆破力，马斯克或许会说，这首歌唱的就是他颠覆创新的爆破力。

马斯克将互联网、电动汽车、光伏发电和航天这些看似毫不相干的领域相连，肆意挥洒着自己的创意，再造着航天、汽车和能源产业的全新商业模式甚至商业生态。面对人们说他不按常理出牌的质疑，马斯克说：“我倒不是说一定要破坏，非要搞颠覆性的创新，但是，有一些很重要的东西是需要实现的。为了达到这个目的，一定要有些颠覆的话，我是会做的。”巧合的是，复星创始人郭广昌也偏爱燃烧：“我就像一团火焰，窝在那里很难受，这个火焰可以燃烧，可能燃烧的结果是更快地消失，但是我很享受这个过程”。放眼改变人类生活的创业企业，哪个没有经历过“涅槃”般的“燃烧殆尽”？“创新理论之父”熊彼特提出的“破坏性性创新”，就是具有这种“杀伤力”的创业力量。

马克·扎克伯格和《火光》（*lighters*）：创业者的自我实现

年轻的扎克伯格，喜欢年轻人的流行音乐，包括掀起新浪潮的傻朋克（Daft Punk）乐队、造型怪异的嘎嘎小姐（Lady Gaga）、拉丁天后夏奇拉（Shakira），还有百变性感的蕾哈娜（Rihanna）。不过，他曾在自己的 Facebook 主页动态栏，公布了自己最爱的一段歌词，但演唱者却不是上述歌手。这首歌是说唱巨星阿姆（Eminem）和情歌小王子布鲁诺·马尔斯（Bruno Mars）共同演绎的作品《火光》，扎克伯格最喜欢的是这一句歌词：“我做了一个梦，我是王者。梦醒过后，我仍然还是王者。”

虽然深得年轻人喜爱，但是这首歌并不闹哄哄。《火光》从马尔斯深情款款的吟唱开始：“这首歌送给你我，跳出梦境，让梦想成真。我们该在哪里？我们就在那里。敞开双臂，睁开双眼，现在我只想看见，充满火光的夜空。”之后是阿姆强劲的大段说唱，而扎克伯格最爱的歌词就在其中：“……我不允许你们这些懦夫搅乱我的世界，战士坚持战斗，点亮你的火把，让火光直指天空。我做了一个梦，我是王者。梦醒过后，我仍然还是王者……我拒绝轻言放弃，唯一让你们看见的，是不再有任何借口的我。”

马尔斯的柔情演唱与阿姆的决绝说唱，相得益彰，不禁让人联想起歌迷扎克伯格，特别强调团队对创业的重要性。当然，歌中王者的志向，应该也是让扎克伯格动心的根本所在。《财富》（*Furtune*）杂志一位资深科技记者曾这样评价扎克伯格，他很清楚 Facebook 未来要怎么发展，虽然年轻，他却有本事找到一群能力优异又跟他志同道合的高手组成管理团队，“他的视野非常、非常大”。中国也有一位“80 后”的创业者——汽车之家创始人李想，在二十多岁就掌控了亿元财富，他认为自己最重要的就是“比我的同龄人更早地找到了一个可以让自己全力以赴的目标”，而自己这个“懒人”的管理关键就在于有个“赢的团队”。马斯洛构建的人类需求金字塔的顶端，正是自我实现；德鲁克也认为，先管理自己、后管理公司。创业者在自我实现的过程中，点燃火光，引领更多同行人，这幅场景也是扎克伯格和李想走的道路。

丁磊和《千千阙歌》：创业者的苦乐年华

丁磊恐怕是中国创业者里最喜欢音乐的人之一。他自述“我是特别喜欢音乐的人。除了摇滚，其他的我都能接受。”虽然，前面几位国外创业者都偏爱摇滚，但是，不太接受摇滚的丁磊，在创业之路上也是风生水起。2000 年，网易上市之后，《人民日报》有记者问丁磊，有钱了最想做什么事情？丁磊回答：做一家唱片公司。2013 年，网易云音乐正式发布，不久就推出了他和林志玲合唱的《带我飞》。值得一提的是，丁磊在网易云音乐上还作为一名用户推荐了 34 首“我喜欢的粤语歌曲”，而排在前三位的分别是陈慧娴的《千千阙歌》、林子祥的《敢爱敢做》和《真的汉子》。

虽然无从考证丁磊对这份歌单的排序原则，但是，从这三首歌中也能窥见丁磊刚柔并济的一面。林子祥的《真的汉子》无须多讲，“同做个血性男儿，愿同到世间闯一次，强调靠我两手创动人故事，成败也不再犹豫，用我的真心真意，怀着斗志向竞争的圈里追”，这些句子正是对创业者勇往直前的写照。不过，另外两首歌则有不少感伤的味道。陈慧娴《千千阙歌》经典的副歌，怕是很少有人不会唱：“来日纵是千千阙歌，飘于远方我路上，来日纵是千千晚星，亮过今晚月亮，都比不起这宵美丽，亦绝不可使我更欣赏，因你今晚共我唱。”那么，歌中的创业者悲情是什么呢？

丁磊在 2015 年 5 月的网易游戏发布会上说：“我常和朋友开玩笑说，世上只有两件事可以让人真正地感到快乐，一个是吃饭，另一个就是游戏。”虽然他说这句话的目的，是为了强调游戏的意义，但是，较真的听者不禁要问，他未提及的两件事之外的大部分事情，难道真的不让人快乐？对此，硅谷新一代创投导师本·霍洛维茨（Ben Horowitz）也给出“创业者不开心”的回答。他在自己最新出版的《创业维艰》一书中写道，创业就是一场“如何完成比难更难的事”，“在我担任 CEO 的 8 年多时间里，只有 3 天是顺境，剩下的 8 年几乎全是举步维艰”。但是，他并不是要告知人们创业就是走向穷途末路，而是如推特 CEO 迪克·科斯托罗（Dick Costolo）在推荐语中所表达的，创业要脱去华丽的外衣，创业实际上是一个顺境和逆境交织的过程。据说，任正非在创业期间得过抑郁症，而目前已有研究发现，创业者的心理问题亟待关注。《千千阙歌》唱出的也是高不确定性创业活动中，创业者的喜怒哀乐。

俞敏洪和《蓝莲花》：创业者的上下求索

2015 年初，俞敏洪拉开了洪泰基金新合伙人时代，并在不久向外界讲了一个演唱《蓝莲花》的故事。那是年初一次创业者聚集的晚宴，台下青春无敌，台上五十多岁的俞敏洪却是全场的目光焦点。当他提出唱首老歌时，发现没有掌声响应，于是换了许巍的《蓝莲花》。这首歌的创作初衷是写给玄奘的，许巍想要表达对信念坚定者的敬意。歌的曲调并不算激昂，但许巍的演绎却震撼人心。整首歌寥寥几句，却充满了力量：“没有什么能够阻挡，你对自由的向往，天马行空的生涯，你的心了无牵挂。穿过幽暗的岁月，也曾感到彷徨，当你低头的瞬间，才发觉脚下的路。心中那自由的世界，如此的清澈高远，盛开着永不凋零，蓝莲花。”

毫无疑问，这首歌中所表达的坚毅、努力和追求，能够引起创业者的共鸣，所以，俞敏洪的献唱收获了不少掌声也不足为奇。但是，让俞敏洪放弃老歌唱新歌的动力，与代表重生的“蓝莲花”寓意也不无关系。俞敏洪提到，自己同时身处“中国企业家俱乐部”“北大企业家俱乐部”和“亚布力中国企业家论坛”三个商业精英圈，“那是一帮极其成熟的，做生意已经很成功的人”，但是，他们在这些年却一直没有升级过歌单。俞敏洪说，“你无法拒绝跟大家一起怀旧所带来的欢乐。但在这个氛围中，其实你会产生一个警惕感”。令俞敏洪收获最大掌声以及笑声的，是他在发言的结尾提到，希望自己将来的墓志铭上刻着“他一生与年轻相伴”。

对于创业者和创业企业而言，年轻代表着一种上下求索的变革精神。吉姆·柯林斯（Jim Collins）在《基业长青》一书中写道，唯一不变的是变动，虽然高瞻远瞩的公司需要有稳如磐石的核心价值观，不会随着时代的风潮改变，但是，在稳固核心理念之余，却也展现出追求进步的强大动力，可以进行改变和适应，同时也无损于己所珍视的核心理念。虽然俞敏洪说他当时“如果唱《小苹果》，哪怕唱《最炫民族风》，他们的鼓掌肯定更热烈”，但是，俞敏洪最终还是选择了演唱《蓝莲花》，也许这首年轻的歌，还能够让开启洪泰基金的他，感受到二十多年来新东方“在绝望中寻找希望”校训的鼓舞。企业成长理论奠基人彭罗斯认为，资源整合最不可或缺的就是创业者，组织内部能力决定了企业能否获取和利用尚未利用的资源。因此，无论俞敏洪唱的哪一首歌或哪一句话，背后折射的创业要义和能力，才是杀手锏。

李彦宏和《一样的月光》：创业者的理想抱负

李彦宏将自己对音乐的理解，融进了日常的管理当中。在 2003 年春末夏初“非典”蔓延的时期，百度遭遇了有史以来最严重的黑客袭击，而且持续了整整三天。当时，公司上下士气低落，李彦宏则在办公室里反复听着《十送红军》，并让这首歌传遍了百度公司每一个角落，也伴随百度挺过了那段艰难的日子。在 2006 年，公司上市一周年的时候，李彦宏在自己的空间贴出《三百六十五里路》的歌词，“三百六十五里路呀，岂能让它虚度？我那年万丈的雄心，从来没有消失过，即使时光逝去依然执着！”用此来鼓励员工再接再厉、继续向前。在 2007 年，上市两周年之际，则以《明天会更好》与公司上下共勉。

不过，李彦宏在 2010 年接受记者采访时，则提到了 1993 年时他听到的一首歌曲片段。那时，他在美国加州，只是一个搜索引擎专家，刚知道“信息高速公路”，正思考着为什么“以 IBM 的财力、物力和先进技术，当时却对小小的微软公司束手无策”。有一天，他听说崔健来加州开演唱会，就去了现场，当时他还尚未谋面的邓中翰、黄劲、马延辉也全都来听这场摇滚音乐会。李彦宏至今仍记得崔健当时唱的一句歌词，“不知道是我改变了世界，还是世界改变了我”。而这句歌词，来自苏芮为电影《搭错车》演唱的插曲《一样的月光》，也是电影《中国合伙人》的背景音乐之一。

李彦宏和这些小伙伴们后来更难忘的是，“一样的月光”下另一个不一样的夜晚。1999 年的国庆典礼，他和同去音乐会的小伙伴受邀站在天安门上，“哭啊，喊啊，激动极了。最后从台上下来后，就没有一个不准备回来的，全都要回来创业。”马延辉回忆说“那天晚上，我们聊着聊着，都觉得机会来了，真的是一腔热血，想要回来做点事情”。1999 年 12 月 24 日，圣诞节的前一天，李彦宏搭乘国航飞机返回中国，而八年前的同一天，他也是坐着国航的飞机离开中国的。2015 年 5 月，邓中翰作为现任中国科协副主席和全国青联副主席，参加博鳌亚洲发展论坛，号召当代青年拥抱第三个创智时代。看来，那句歌词背后的创业逻辑，还将继续鼓舞新的听众。这几年，《福布斯》中文版每年发布一次“中国 30 位 30 岁以下创业者”榜单，虽然，“30 岁以下”让这个榜单格外吸引眼球，但是，榜单背后反映出的中国经济社会的快速转型，则使更多人想要一展身手、有所作为。

马云的《我爱你，中国》和《朋友》：创业者的大国小家

为马云保留两首歌，不仅因为他是马云，还因为前文有首名为《美国》的歌，更因为马云的这两首歌，唱出了对所有中国创业者而言，最走心的两个字：国和家。《我爱你，中国》和《朋友》是大江南北妇孺皆知甚至皆会唱的两首歌，与马云的交集是在2013年淘宝网十周年庆典晚会上。在现场，马云宣布卸任阿里巴巴CEO，并倾情演唱了这两首歌，从而让这两首歌也带上了创业的标签。

《我爱你，中国》是20世纪80年代初电影《海外赤子》的经典插曲，创作于1979年，创作初衷是表达海外游子眷念祖国的无限深情。从引子“百灵鸟从蓝天飞过，我爱你中国”到结尾“啊！我要把美好的青春献给你，我的母亲我的祖国”，质朴的歌词和高远的曲调，将对祖国的热爱抒发得淋漓尽致。《朋友》是具有“国民歌王”称号的歌手周华健的代表作，发行于1997年，前奏以一段夹杂闽南语、普通话、英语、广东话的不同人声作为开场，随即跟上具有传统色彩的和声，赋予了这首歌开阔的气势，在简单真挚的歌词和朗朗上口的曲调中，“一句话一辈子，一生情一杯酒”的朋友之情，打动了千万人的心。

虽然很难去求证马云选择这两首歌的本意，但是，不难发现这两首歌在时代背景、立意内容、词曲唱风格等各

方面，是一对完美组合，淋漓尽致地展示了马云身上所具有的中国创业者对大国小家的情怀。马云的阿里巴巴，从创业一开始就瞄准了“天下”，“让天下没有难做的生意”的淘宝，如今已经成为超过千万人实现就业的平台。同时，马云还有一群被称为“十八罗汉”的创业伙伴，他们与马云“风也过雨也走”。“退休”后的马云说：“我不敢说要成为华盛顿，但我和我的同事就走这条路，也应该走这条路，我保证老陆（阿里巴巴集团新 CEO）也会这样走下去。”看来，《我爱你，中国》和《朋友》不是告别演出，而是拉开了新的大幕。

国家的转型发展亟须创业精神，而创业的成功和成长，离不开包括创业者在内的创业团队的驱动。张维迎在 2014 年出版的新书《企业家：经济增长的国王》中，重申了企业家创新精神的重要性，提出中国的经济增长要从配置效率转向到创新驱动，而转型依靠的正是创新型企业家，尤其是能够创造新产品、新产业的企业家。关于创业团队，学习型组织理论提出者彼得·圣吉（Peter Senge）认为，富有创新和成长力的组织学习，一定是以团队为基础的；“创业教育之父”杰夫·蒂蒙斯（Jeff Timmons）也将创业者/创业团队与机会和资源一道，作为创业的三大要素，而且认为人的要素更富价值，更具主动性和创造性。

创业者和好歌曲：想把我唱给你听

创业者喜欢的好歌曲，是在用音符的律动，铭刻创业者的心灵之路。著名创业励志节目《赢在中国》的主题歌《在路上》，是反映创业者心路历程的代表作。不少创业者用这首歌激励自己，但也经常唱着唱着就流下了眼泪。歌曲创作者王利芬写下的每一句歌词，都讲述了自己开创这个新节目的艰辛过程，更饱含了一份挡不住的创业激情。柴可夫斯基说，音乐是上天给人类最伟大的礼物。好歌曲不仅能愉悦人的感官，更能激发人的热情。这些律动的音符，与创业者跌宕起伏的事业共振，碰撞出的是一次次深刻的体验，从而串起了创业者丰富的创业心路。我们从中不仅能够听到一份心情，还能看到创业者在路上留下的脚印。

这些创业者的好歌曲，还能用独特的语言，诠释创业过程当中的金科玉律。法国哲学家卢梭把音乐称为“人类的第一种语言”，而“乐圣”贝多芬更是将音乐比作“比一切智能、一切哲学更高的启示”。对此，谷歌的创始人之一拉里·佩奇（Larry Page）深有同感。他在学生时代接受过系统的音乐教育和作曲训练，在创办谷歌前，还写过一份以合成歌曲新软件为产品的创业计划书。他感谢音乐学习让自己掌握了时机处理能力和对美的追求，从而使得谷歌也具有了一种“重要的艺术基因”。同样，包括上述好歌曲在内的很多音乐，都能折射出创业者所信奉的成败法则。这些无界的语言，在三四分钟的时间里，击打出创业的关键词，也激发出创业者的灵感和行动。所以，听这些歌，不也正是在看一本创业者传记的生动摘要吗？

创业好歌曲，终将用无限的能量，感召更多人投身并享受创业。“没有音乐，生命是没有价值的”，这是尼采的名言。对将事业视为生命的创业者而言，没有好歌曲，这份事业或许也会失去一些色彩甚至生机。乔布斯“改变”出苹果，贝佐斯开创了“美国”梦，马斯克正在“燃烧殆尽”传统商业模式，扎克伯格已经点亮了“火光”。这些好歌曲让新创意喷薄而出，也引领着创业者和更多的人为之奋斗。当然，更有《千千阙歌》《蓝莲花》《一样的月光》《我爱你，祖国》和《朋友》等歌曲的激荡融合，吸引着一批批新的创业者加入“创作队伍”，奏出一部部风格各异却同样精彩的乐章。

注：本文原标题：《把创业唱给你听：创业英雄喜欢的好歌曲》。

本文主要内容刊发于《中欧商业评论》2015 年 5 月微信公众号（标题同本文）。

创业改变颜值

颜值，是创业者绕不过的“坎儿”。虽然马云成为首个登上《福布斯》杂志国际版的中国创业者，但是，十多年之后，大家印象深刻的，还是杂志封面他“张牙舞爪”的造型，以及疑似“外貌协会”出身的记者在报道首段的描绘：“他身型瘦小、颧骨凹陷、头发杂乱、笑容调皮，身高五英尺，体重只有100磅多一点”。

不过，相貌出众的创业者也不是走到哪里都广受美誉的。美国普林斯顿大学和荷兰内梅亨大学的卡梅尔·索弗（Carmel Sofer）等心理学家研究发现，帅哥靓妹的颜，其实没有大众脸更加让人感到可信。要知道信任可是创业大门的“敲门砖”，如果因为长得帅而失去信任，那么，或许很多创业者宁愿选择长得普通一点。

可是，由于颜值高低的判别标准并不统一，所以，创业者应该长成什么样，还真难以定论。那么，在“颜控”大行其道的今天，创业者对自己的脸，除了整容，真的是无计可施吗？

进化生物学家们带来了好消息。他们认为，地球上的生物随着时间的推移都在不断进化，人类的面部特征，其实一直都在改变。虽然明显的变化可能需要漫长的时间，但是，作为历史长河的一个片段，创业过程也能够见证，创业者的脸在一天天悄悄地改变。

丰富的内心，让创业者的脸变得生动

"相由心生"，来自佛教《无常经》，是指人的外表会受到心理因素的影响。虽然这是一句偈语，但在科学领域里，也得到了一定的验证。曾担任美国联邦调查局情绪表情顾问的美国加州大学旧金山分校保罗·艾克曼（Paul Ekman）教授研究发现，人的喜、怒、哀、乐等内心活动，能够带动脸部肌肉群的运动，从而影响人的"面相"（What the face reveals）。这个观点还可以通过医学原理进一步解释。情绪引发了人的神经递质变化，使大脑产生脉冲，进而支配人的肌肉发生收缩或放松的改变，最终在人的面部呈现出不同的表情甚至相貌特征。

而创业者通常具有丰富的内心活动。创业意味着在高度不确定情境下的一系列创新、风险承担和超前行动，需要创业者具有高超的悖论思维和平衡能力，这些都会给创业者带来复杂的心理挑战，时刻搅动着创业者的内心世界。

著名创业学者、美国俄克拉荷马大学的罗威尔·布瑟尼茨（Lowell Busenitz）教授领衔的研究团队发现，创业者的情绪和情感等活动十分活跃，而且并非不利于创业决策，相反，对创业想法的开发和转化具有价值。他们认为，脑科学领域的 PET（正电子发射计算机断层显像，Positron Emission Tomography）技术以及与情绪背景相连的情景记忆（Emotionally Valenced Episodic Memory），有助于揭示创业者在机会开发时的生物学过程。

由于创业认知能够带来生物学反应，所以，创业者丰富的内心活动，也是对面部 42 块表情肌发布的不同指令，让自己的脸不停地做起了“塑型操”。创业的激情和困惑，产品推陈出新的快乐和市场受阻的苦恼，合作中的宽慰和竞争中的怒火，这一系列丰富的内心活动，高频率调动着创业者脸上的每一块表情肌，经过日积月累的打磨，使创业者的脸变得越来越生动。

电影《乔布斯》的男主角爱什顿·库彻（Ashton Kutcher）在谈到扮演史蒂夫·乔布斯时说过这样一段话：“在扮演年轻乔布斯的时候，基本上没怎么化妆，挺像的，但是扮演老年乔布斯时，还是化了点妆的，因为老年乔布斯有点脱发，我头发比较多。我认为最难的部分在于你要演好一个角色，你必须要入戏体验这种角色的内心压力，而这是最难的。”

Facebook 创始人马克·扎克伯格（Mark Zuckerberg）曾表示，有兴趣佩戴虚拟现实设备 Oculus Rift，让其将自己的面部表情转换成一个虚拟人物。不过，目前设备中显示的效果并不理想，表情僵硬甚至还有些吓人。

看来，化妆术可以让库彻与乔布斯的五官相似，发达设备也会让模仿出的扎克伯格越来越逼真，但是，它们都难以拷贝出创业者内心活动所刻画的微妙细腻的面部线条。据统计，人的面部肌肉，理论上可以构造出约4000万种不同的形态，这当中还没有计算收缩程度的不同。而更让先进技术难以再现的，是雕琢这些生动面庞的、活火山般的创业者的内心世界。

多维的场景，让创业者的脸变得立体

人的进化与生存环境有着十分密切的联系。美国史密森尼学会的古人类学家里克·波兹（Rick Potts）提出，人类拥有一种应对环境挑战的适应特质，被称为“变异选择”（Variability Selection）机制，人类因其得以传承至今。美国地球与环境科学教授彼得·德曼诺克（Peter de Menocal）最新考证甚至提出，人类是为了适应气候变化才进化成现在的样子。

美国艺术家兼研究者尼克莱·兰姆（Nickolay Lamm）和计算基因组学博士艾伦·昆（Alan Kwan）绘制了人类的未来长相图，提出人的脑袋将变得更大、眼睛将变得“过分”大、眉骨更为突出、鼻子更加笔挺。这些强有力的线条显示出人脸将变得更加立体，背后的动因在于改变人类生物学特征与满足自身需求之间的抗衡。

对于创业者而言，多维的创业场景就是“气象万千”的外部环境，也可以悄然带来创业者脸部的变化。场景是多元素交织所传递的信息和感觉体系，身在其中的创业者需要与各个元素发生有机的互动，既包括与同质元素的关联，也包括与异质元素的碰撞。这种应对过程，实质上也是创业者自身特征与外部需求相抗衡的体现，从而使创业者在相貌上，因场景的不同呈现出多面性，进而变得立体。

在团队合作的场景下，创业者的脸是漂亮的。柳传志比喻选人就像选太太，一要漂亮、二要爱我。的确，创业者和团队伙伴的关系，很像“亲密爱人”。在“为悦己者容”的驱动下，创业者的脸也一定变得越来越漂亮。

在资源获取的场景中，创业者则要长得可靠。著名天使投资人徐小平说，自己投资对象的面相要靠谱，不能偏离所处场合。英国民调机构 ICM 甚至通过调查，给出了“值得信赖的相貌拼图”。在这样的诉求下，创业者为了得到资源支持，总会设法让面相变得可靠一些。

在行动指挥的场景，创业者的脸则像“杀手”。今日资本创始人徐新认为，创业者在行动中应该是个“杀手”。美国犹他大学的一项研究可以作为佐证。他们发现，人脸并非和平进化，很可能是人类为了应对攻击和强大自己，才变得更加粗犷，尤其以男性面庞更为明显。

在市场推广的场景中，创业者又要长得规范。顾客就是上帝，有魔力让创业者的脸变得符合市场的规范。蒂姆·库克（Tim Cook）在苹果发布会上，虽然没有复制乔布斯的一切，但他已经为了满足公众的期待，或多或少改变了自己那张被一些人批评的“扑克脸”。

在以上四个不同的创业场景，我们看到了创业者呈现出的不同面貌。四个场景交融在一起，像是一个熔炉，对创业者的脸进行全方位锻造，最终产生一张立体的创业者面庞。

波兰艺术家吉斯凯·尤科（Jacek Yerka）创作过一幅名为《四季》的超现实主义“四方画”，观赏者从上、下、左、右四个角度，能分别看出反映春、夏、秋、冬四个季节的画，而“四方画”将四个季节的画自然地融合在了一起。佛教中还有一位“四面神”，据说此神掌管一切事务，四面所求各不相同，被民间成为“有求必应神”。创业者的外貌，也很像“四方画”和“四面神”，在不同场景有各自不同的体现，极富层次感，同时，伴随着场景的更替和叠加，交织出一张能够嵌入各种场景的立体的脸。

创新的刺激，让创业者的脸变得独特

相传，明朝开国皇帝朱元璋，有一张异于常人的脸。从庐山天池收藏的朱元璋的画像来看，他长着龙头、一字眉、酒糟鼻、尖下巴、麻子脸，还有两撇凤须。乍一看，真是觉得这位开国皇帝有些丑，可是，再细想想民间评价此乃奇相，也感到不无道理：一代帝王的脸，怎么能用凡夫俗子的美丑标准来考量？

那么，是什么才让一个人的外貌与众不同呢？美国劳伦斯伯克利国家实验室（LBNL）研究认为，人类基因组中的“垃圾DNA”决定了每个人长得独一无二。这种DNA是人类基因组中沉默的部分，所占比例高达98%，其中一些序列片段，可以像开关或放大器一样影响脸部基因的作用，最终带来眼睛大小、鼻子外形、头颅形状等的变化。

可是，随着DNA序列变得越来越清晰，人们发现，人的表型并不是基因直接翻译的结果，基因并不能决定一切。表观遗传学（Epigenetics）就是秉持这种观点的代表。该领域研究认为，环境刺激或者内部诱因，对人的表观具有作用余地，可以通过复杂的机制给DNA做点儿记号，或者把DNA扭转一下，从而让基因沉默，于是就能改变生物体的外形，尤其是带来独特的外观。

例如，植物体内有一种“抑制开花基因”，寒冷的刺激会打压这种基因，相当于给这种基因增加了标记。如果利用严寒，限制了“抑制开花基因”，那么，植物就会早早开花，但结果往往是被寒风冻伤甚至冻死。

依据这个原理，人也会因为刺激而留下记忆，只是这种记忆不是给DNA加标记，而是体现在脑细胞中的信号和蛋白的变化，这就有可能带来人的表观，即脸的独特变化。

在创业过程中，最有冲击力的刺激是创新。创新是一种打破现状的破坏力，也是解决问题的创造力，而且充满着高风险。创新成功了，创业者能够赚得盆满钵满、改变世界；假若失败了，后果也经常不敢想象。这样跌宕起伏的刺激，势必会影响创业者的脑细胞活动，进而可能通过复杂的机制影响创业者的外貌。

值得注意的是，创业研究学者也对创业与基因的关系进行了积极的响应。塞浦路斯和美国两位创业研究学者尼克斯·尼科拉奥（Nicos Nicolaou）和斯科特·沙恩（Scott Shane），在创业权威学术期刊 *JBV* 上撰文指出，基因有可能通过影响创业者大脑的化学反应机理，来影响创业者所从事的创业活动。这个观点与表观遗传学的主张相配合，形成了创业与生物演化的关系链条，为创新刺激可能改变创业者脸的结论提供了依据。

当然，DNA 和环境导致生物具有独特表型的内在机理，目前仍然是个谜，但是，这并不影响我们去想象和认识创新刺激下变得独特的创业者的脸。马云或许可以作为例证之一。在央视一期对话节目现场，当听到观众说自己是外星人时，马云这样回答：“我觉得我当年长得也挺帅的，现在我看小时候长得也挺不错，但是后来就变成这个样子了。”

看脸的时代，创业者如何“变脸”

既然创业者的脸可以因为内心、场景和创新活动而改变，那么，创业者都有什么方法可以改变内心、场景和创新，而让自己完美“变脸”呢？图 2 反映了三种可能的“变脸”之道。

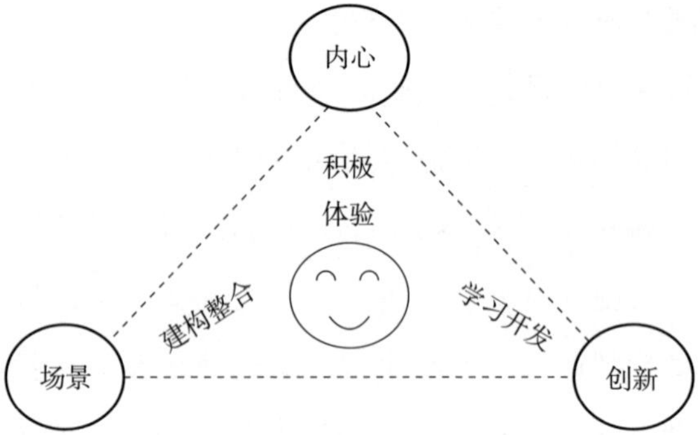

图 2　创业者的“变脸”之道

内心的积极体验

内心活动可以改变创业者的脸，也可以为创业者所掌控。哈佛商学院社会心理学教授艾米·库迪（Amy Cuddy）研究指出，正如人的内心状态会影响人的行为一样，人的行为其实也能够影响人的内心状态。例如，经常花两分钟做一些舒展身体的动作，就能够改变人体内的支配荷尔蒙，从而让人精神更加饱满，呈现出自信而自在的一面。

依据积极心理学的观点，当个体的积极情绪体验增强时，人的自我决定性（Self-determination），即个体可以对自己的发展做出合适的选择并加以坚持的特质，也会随之提高。而乐观与坚韧，被以色列风投机构 Aleph 的创始人迈克尔·埃森伯格（Michael Eisenberg）认为是造就以色列成为创业国度的关键。那么，创业者何不尝试用自己的行为，去激发更多的积极体验，让这些正能量的内心活动，经常调动面部表情肌做一做“美容操”。

场景的构建整合

在场景改变创业者的同时，创业者也可以反过来影响场景。日内瓦学派奠基人让·皮亚杰（Jean Piaget）认为，人与周围环境是一个相互作用的过程，这是一种逐步建构的机制，既包括吸收信息的同化环节，也包括改造认知的顺应环节，体现为“平衡—不平衡—新平衡”的整合发展。因此，创业者与场景之间，也存在着这样的作用关系，即创业者不是既定场景中的被动个体，而是可以去构建和整合场景的行为主体。

这样看来，在场景中的创业者，其实挺像王力宏那首《改变自己》所唱的，“可以改变世界，改变自己”。这个互动的过程，在自然界也同样存在，而且呈现出日益加速的态势。悉尼大学教授本·菲利普斯（Ben Phillips）与合作者的新近研究就观察到越来越多的快速进化现象，究其原因即在于人类自己改变了生存的环境。

电影《中国合伙人》有一首背景音乐，是苏芮的经典歌曲《一样的月光》。其中有一句歌词问得耐人寻味：“是我们改变了世界，还是世界改变了我和你?”对这个问题的思考和解答，或许能够帮助我们理解创业者如何在与创业场景的交互中变了模样。

创新的学习开发

创新管理研究著名学者、哈佛商学院教授克莱顿·克里斯滕森（Clayton Christensen），与杰夫·戴尔（Jeff Dyer）和赫尔·葛瑞格森（Hal Gregersen）两位教授一起，完成了一项历时八年的研究。他们采访和调查了包括亚马逊创始人在内的诸多研发出革命性新产品和服务的首创者，研究了这些创业者创新构想的产生过程，发现五项技能至关重要：联想、发问、观察、实验和建立人脉，并提出“只要掌握它们，就能把创新者的基因植入体内”。

上述研究结果，也是在提醒创业者，创新可以通过不断地学习和开发进行强化。所以，想要“变脸”的创业者，不妨运用这些方法，提高创新的刺激水平，这样既有助于让创业想法和产品与众不同，也可能让创业者的脸变得更加具有记忆点。特斯拉创始人埃隆·马斯克（Elon Musk）的母亲是一位知名超模，马斯克自己也长得比较帅气，不过，公众总是把他的形象和虚幻世界的“钢铁侠”画上等号，看来他的那张脸，已经被他一次次的创新所颠覆，变成了真实世界找不到翻版的“超级英雄”的模样。

颜值的改变，不只是吸引，而是一抹“蒙娜丽莎的微笑”

在人类漫长的进化过程中，创业者颜值的变化，几乎可以忽略不计，甚至也难以去测度和考评。但是，创业者的“变脸”，目的不只是吸引，而更多的是在传递一种力量。

达尔文在《物种起源》中提出，进化将朝着完美的方向发展。达·芬奇画笔下的“蒙娜丽莎”堪称完美颜值的典型。数百年来，不计其数的人为蒙娜丽莎的微笑所折服，艺术家和生物学家都在对其进行研究。美国加州大学达·芬奇研究中心的学者雅克·弗兰克（Jacques Franck）经过数十年的实验探索，认为这个神秘微笑背后的秘密，在于达·芬奇采用了“没有线条和边界，就像烟雾一般”的“晕涂法”（Sfumato）绘画技术。

但是，原法国博物馆研究实验室负责人让·皮埃尔·莫汉（Jean-Pierre Mohen）并不认可弗兰克的理论。在他看来，探寻蒙娜丽莎的微笑，“是一项十分缓慢而又需小心的工作，能够使人的思考和经验发挥到最大限度。所有这一切，完全都是因为那一抹持续不到一秒钟的微笑”。

创业者“变脸”，何尝不是一抹“蒙娜丽莎的微笑”？虽然只是转瞬即逝的片刻，但是，想要揭示隐藏于其中的秘密，绝非易事，需要深入创业者的内心、探寻创业活动的场景、挖掘创新的根源。而感召众生的神秘力量，正是创业之美。与此同时，也有不少人在欣赏这份美丽的同时，还愿意亲自去发现和创造美。众里寻他千百度，蓦然回首，再看创业者的脸，偷偷改变的，或许还有我们自己的脸。

注：本文原标题：《你看你看，创业者的脸偷偷地在改变》。
本文主要内容刊发于《中欧商业评论》2015 年第 12 期（标题同本文）。

重混：创业者应做“唱片骑士”

唱片骑士（Disc Jockey，DJ），是以打碟为演出工作的职业群体。他们运用专业设备，把多首节奏、旋律、情绪等完全不同的音乐进行天衣无缝的衔接，重混（Remix）出更为新潮、劲爆、嗨翻天的作品。史上第一位也是迄今唯一一位在奥运会表演的DJ，是荷兰人铁斯托（Tiesto，原名Tijs Verwest）。他在2004年雅典奥运会开幕式现场，重混了国际音乐学会主席萨缪尔·巴伯（Samuel Barber）70年前创作的《弦乐柔板》（*Adagio for Strings*），将缓慢低沉的交响乐原曲，演绎成动感强劲的电音舞曲，伴随运动员入场的脚步，共振出激荡人心的场景。

无独有偶，2015年12月21日实现人类首次回收发射火箭壮举的Space X公司创始人埃隆·马斯克（Elon Musk），在不久前接受美国《财富》杂志专访时，表达过与“唱片骑士”打碟相类似的重混思路：“我觉得我们已经拥有所有的一切，现在只需要好好组织这些元素，让它们集中在一起，确保能在不同的环境中使用，然后任务就完成了。它实际比人们想象的容易得多。”

容易，缘于重混的资源是已有的，如 DJ 手边现成的曲库、创业者面对的既存元素。但是，想要成为像铁斯托一样的 DJ 巨星、马斯克一样的创业英雄，却绝非易事。那么，为何“守旧”的重混能成为新潮？重混是否等同于重复加混合？创业者怎样才能做一名重混高手，成为引领风向的“唱片骑士”呢？

重混能延展创业资源的多维价值

重混的价值

重混能带来新价值，这样的例子不胜枚举。全球 DJ 界重混大咖萨沙（Sasha，原名 Alexender Coe）非常抢手，包括麦当娜在内的许多流行巨星都曾邀请他为自己的音乐进行重混，而且这些重混后的 Remix 版本，常常成为流行榜的大热作品，甚至比原曲更卖座。以《功夫熊猫》为代表的一些好莱坞电影，将东西方元素拼贴（Collage）在一起，赚得盆满钵满。诺贝尔文学奖获得者加布里尔·马尔克斯，戏仿（Parody）神话传说、民间故事、宗教典故等现实与虚幻因素，写出了被称为“美洲《圣经》”的《百年孤独》。甚至哲学家叔本华，也颇像一位“唱片骑士”，他吸纳了柏拉图、贝克莱、莱布尼茨和康德等以往哲学家的老思想，构建了一套“大杂烩”式的新学说。

上述实例只是沧海一粟。结构主义人类学家在半个世纪以前，就已经发现了重混背后人类的普遍思维规律。法国著名社会人类学家克洛德·列维·斯特劳斯（Claude

Lévi-Strauss），在其经典研究著作《野性的思维》（*Savage Mind*）中写道，未开化人的具体思维与开化人的抽象思维没有高下之分，两者都贯穿着一个基本因素——符号，不同的思想不过是这些符号的不同排列和组合。这与重混的思维本质不谋而合，而符号对“唱片骑士”而言，就是那几个基本的音符。

重混可能在艺术、技术乃至创业等多个领域创造出价值，这已被广泛验证。毕加索有一句流传盛广的名言：“好的艺术家抄袭，伟大的艺术家窃取”（Good artists copy, great artists steal）。乔布斯借用此话，承认了对施乐公司的“技术窃取”，并骄傲地宣称，苹果的产品之所以伟大，重要的原因在于，他们这些电脑科学家充分了解了有史以来最棒的音乐家、诗人、艺术家、动物学家和历史学家的作品或发明，并将它们运用到了自己正在做的事情中，“在窃取伟大的灵感这方面，我们一直都是‘厚颜无耻’的。”与此类似，新经济增长理论代表学者、纽约大学经济学家保罗·罗默（Paul Romer）明确表示，真正可持续的经济增长并非源于新资源的发现和利用，而是源于将已有的资源重新安排后使其产生更大的价值。

重混与创业资源

创业领域的资源基础观对重混进行了积极响应。相关研究表明，识别创业机会对应获取资源、开发创业机会对应整合资源，在创业价值实现的过程中，创业者好比“唱片骑士”，对创业资源进行打碟，重混出新的产品或服务。

美国宾夕法尼亚州立大学拉弗·盖路德（Raghu Garud）和丹麦奥尔堡大学彼得·卡诺（Peter Karn. e）两位学者，通过对比丹麦和美国风力发电机技术的兴起过程（见表2），发现资源的“拼凑”（Bricholage）对创业者的意义，并不亚于资源的“突破”（Breakthrough）。他们认为，丹麦创业者通过重混已有资源，实现了风电技术路径的稳步演进，使丹麦的风力发电产品和服务远超美国，位居世界前列。

表2　拼凑和突破：丹麦和美国风电技术路径比较

行动方	丹麦	美国
设计方和生产方	基于农业设备领域经验的启发式设计； 关注焦点在于可靠性； 注重设计方、生产方和供应方合作网络； 具有纵向扩展（Scale-up）的步骤安排； 在纵向扩展步骤内部和之间，努力进行产品开发	基于航空航天框架体系的工程科学； 关键焦点在于空气动力效率； 忽视设计方、生产方和供应方合作网络； 欠缺纵向扩展的步骤安排； 在纵向扩展步骤内部和之间，几乎没有产品开发
用户方	面对各方用户，开展直接学习； 对提供重大投入，采取激励措施； 动员并形成一个协会，发布风力发电机设备效果的比较分析结果	针对特定的有限用户群，开展间接学习； 对提供重大投入，鲜有激励措施； 动员并形成一个协会，与生产放一道，对政府部门进行游说

续表

行动方	丹麦	美国
评估方	合作开发机制； 高度关注风力发电设备效果的检测比较； 检测标准与正在开发的技术协同演进	选择性机制； 不太关注风力发电设备效果的检测比较； 检测标准来自具有原发性的工程科学知识，且两者没有协同演进
监管方	战略性引导不同行动方的活动； 制定的政策引发了风电技术发展领域各方的参与积极性	创造了、也意外关闭了巨大的机会空间； 制定的政策几乎没有调动风电技术发展领域各方的参与积极性

资料来源：Raghu Garud, Peter Karn. e. Bricolage versus Breakthrough: Distributed and Embedded Agency in Technology Entrepreneurship [J]. *Research Policy*, 2003, 32: 277 -300.

从表2中可以看出，丹麦创业者较美国创业者，更像"唱片骑士"在进行重混。正如这两位学者在文章最后总结的，丹麦创业者对资源的"拼凑"，好比对市场过程的"调音"（Modulated）；而美国创业者，在风力发电创业过程中，则偏重于制作"插曲"（Episodic）来进行干预。

重混是创业资源开发的极简主义

虽然"唱片骑士"通常拥有大量的可编排曲目，正如创业者往往身处资源纷繁的情境中，但是，极简主义却是DJ和创业者在重混时的不二法则。世界最为著名的现代主义建筑大师密斯·凡·德·罗（Mies Van der Rohe）的名言“Less is more”（少即是多），被认为是代表极简主义的核心思想，强调的是设计元素（如色彩、照明、原材料等）的数量应简化到最少，而质感则力争更高。那么，DJ 在重混时的“少即是多”，体现在哪些方面呢？为此，可以从时间和空间两个角度进行概括，从中也能够为创业者重混资源提供参考。

重混的节奏：时间的极简

节奏，是音乐在时间上的组织。DJ 重混的节奏，是通过对不同音乐片段，在时间上进行极简的组织编排，形成与原曲迥异、但又包含原曲节奏片段的全新节奏。有一个叫作 The Winstons 的不知名乐队，在 1969 年发行了并没有多大反响的唱片 *Amen*，*Brother*，但是，其中有一段 6 秒钟的鼓点独奏，却在过去的四十多年里，被 1500 多名音乐人和 DJ 采样，重混进自己的作品中，并对现代音乐产生了巨大影响。一位名叫史蒂夫·赛鲍德（Steve Theobald）的 DJ，如此评价这段最常被采用的样片：“它在创造独特声音、塑造音乐风格上，非常有影响力。”

创业者也需要将创业资源删繁就简，洞察并提炼出极简却极富生命力的节奏。谷歌创始人之一拉里·佩奇（Larry Page），在少年时代接受过系统的音乐训练，2014 年底他向美国《财富》杂志记者透露，他这几年开始研究打击乐器，并坦言音乐给予他的馈赠是“对时间高度的敏感，因为时间就是本初”。2015 年 8 月，谷歌新的母公司Alphabet横空出世，人们发现，谷歌变得更加精简了，却更有可能在今后取得更大的发展。佩奇对此回应说：“我们都在认真考虑新的业务，其实从一开始，我们就努力用已有的资源做更多事情、做重要的事情以及有意义的事情。”

值得庆幸的是，已有研究如格式塔心理学（Gestalt psychology）表明，节奏感是天生的，那么，像佩奇一样把创业节奏掌控得游刃有余，对创业者而言也并非不可能。以色列学者发表在美国科学公共图书馆（the Public Library of Science，PLoS）遗传学期刊上的研究结果显示，有节奏感是早期人类一个特殊的进化优势。他们将出色的艺术家 DNA 与普通人和运动员的 DNA 进行了对比，发现这些基因并未控制特殊的身体能力，却控制着身体中两种已知的与社交和行动能力相关的化学物质（Serotonin 和 Vasopressin）。可以说，节奏感让人们社会化，在协作中生存演化。

这样看来，只有能够踩准极简的鼓点、掌握节奏感的创业者，才有可能重混出精彩的新事业。管理艺术大师彼得·德鲁克所说的“机会窗口”，反映的也是这个道理。他认为，机会窗口是创业者实现创新跃迁的重大机遇，创业者应当在机会窗口开启的时间里进入新产业，一旦机会窗口关闭，机遇将一去不复返。虽然机会窗口有长有短，但创业资源重混的关键在于，能否跟上节奏，否则再快也只能是“作死”的节奏。

重混的氛围：空间的极简

通过重混营造音乐氛围，而用尽量简约的手段达到最好的表达效果，一直是各个 DJ 以及不同领域创造者的目的。曾荣获建筑学领域诺贝尔奖——普利兹克奖的建筑设计大师彼得·赞特（Peter Zumthor）总结认为："从一个过分混乱的环境到一个十分简单的环境，这样的感受是令人震惊的。"事实上，在素材形式、图像、声音和结构过度饱和时，如何对资源尽可能地减少及筛除，成为最有说服力、有时也是唯一有效的举措。

音乐重混常出现两种氛围，一是"浩室（House）"和"出神"（Trance）。前者源于 20 世纪 80 年代的美国，意指可以在不大的空间就能组织的舞蹈派对，旋律比较多变，风格比较大众，内容比较丰富；后者兴起于 20 世纪 90 年代的德国，需要大空间大舞池，强调简洁乐句的不断反复，只有很少的变奏，目的是将听众带入近乎宗教本源的"出神"，达到"迷幻"甚至"催眠"的效果。

无论是交融的"浩室"还是偏执的"出神"，都是 DJ 在极简空间中营造的氛围，也反映了一些创业者重混资源的风格。

诞生于 1996 年的美国运动品牌 Under Armour，重混出"浩室"风格。创始人凯文·普朗克（Kevin Plank）提出一句口号"Protect This House"（守卫"浩室"），是指他们的产品从服装、牙齿护具到鞋类，将帮助运动者提升运动体验并更好地表现自己。他还认为，“要多做思考并想办法隔离掉那些愚蠢的信息。”这家企业融合数字化浪潮，提出了“互联网健身”的创新理念，运用突破性黑科技，在美国本土打败了阿迪达斯，并令耐克也不敢小觑。

而成立于1995年的德国自行车品牌Storck，则重混了一道“出神”的风景。创始人马库斯·思道克（Markus Storck）运用顶级高科技，追求自行车超高的强度重量比，在设计上遵循空气动力学，涂料外装低调却质量上乘，对最微小的细节追求极致，这款车在赢得骑行速度的同时，还拥有极富冲击力的视觉效果，难怪车迷都称Storck自行车为“时光机器”。

重混须打开创业资源的读写模式

秉持极简主义，重混创业资源并收获价值回报，绝非虚无缥缈的传说，而是实实在在的“神话”。把结构主义转化为文化学术运动的法国思想家罗兰·巴特（Roland Barthes），在其神话学研究中提出，神话是符号学意义上的特殊用法，当把一个符号作为一个新的“能指（语言的声音形象）”，或指向一个新的“所指（语言反映的事物概念）”时，它就成为一个“神话”，这是对符号的二度使用。基于这样的逻辑，我们不难理解，为什么一些创业者对创业资源（符号）的重混（二度使用），常会带给人“神话”般的震撼效果。

“作者已死”与“群体‘神话’”

重混“神话”的实现，需要先从“作者已死”的观点说起。巴特认为，作品在完成之际，作者就已经死亡，剩下的文化创发工作，就是读者的权利了。唯有作者死亡，读者才能诞生，所有阅读活动，都是读者心灵与一个写定“文本”的对话，价值就在这个过程中被创造出来。

创业资源也和文本一样是具有开放性的，永远不存在一个完成状态。哈佛大学科技法学教授劳伦斯·莱斯格（Lawrence Lessig）认为，“只读模式”和“只写模式”反映了媒体素材之间的差异性，其中常见的“只读模式”，反映了被动消费，是直接输出给受众的。但是，“读写模式”却超越了“只读模式”，给受众更多地参与或反馈的机会。他进一步提出“重混文化”现象，并列举道，网友将影音“捣碎”就可以在Youtube上开场音乐会，这是媒介向“读写模式”的嬗变。

碎片美学为创业资源的“读写模式”做了背书。法国贡比涅技术大学学者赛格·布查顿（Serge Bouchardon）指出，碎片也可以成为一种独立的文化形式，如谚语、格言、警句、座右铭等，虽然它们不是形成某个整体的组成部分，却可以构成某种集合。碎片并不等同于某种缺失或缺憾，而是完全可以自足的。碎片之美，是从流动与分形之间涌现出来的。

因此，创业者可以尝试唤醒创业资源的“读写模式”，与用户一道重混创业资源，在共同创作“神话”的同时，收获资源的“碎片化”之美。

在2015年12月中国“互联网+”开放合作大会上，德国《工业4.0》主编乌尔里希·森德勒（Ulrich Sendler）以一款德国工业4.0产品——价值上万美元的自行车，阐释了什么是工业4.0。这个自行车数据模型的生产过程并不是一个单项循环，即产品给消费者之后就没有数据提供给生产者、销售者和研发者，而是在产品生产之后，数据保留给研发者，他们通过相关的应用传输到生产者和研发者，进而由生产者和研发者向用户提供更好的性能和服务。

这种通过大数据和高科技，将研发、生产、服务所有环节全部串联起来的服务和战略规划理念，与重混讲究的循环（Loop）编排高度契合。德国学者曼弗雷德·施罗德（Manfred Schroeder）发现，一些有碎片特性、可以生成有吸引力的曲调和韵律，是一个数论系列。美国威斯康星大学麦迪逊分校的研究人员甚至提出，计算机有可能被教会生成对人类有吸引力的碎片组合模式。由此看来，创业资源利益相关者集体创作出的美丽“神话”，并非是镜花水月。

分轨、洗泥与混响

“唱片骑士”重混一部经典音乐作品，需要经历很多步骤，其中，分轨、洗泥和均衡是三个比较重要的环节。

分轨，是指DJ将整张CD转换，把整轨切成记录时间等信息的单首歌。准确有效地分轨，有助于创业者优化创业资源的配置流程。最具创新精神的3M公司大中华区总裁詹姆斯·麦克舍弗莱（James McSheffrey），在2014年3M入华30年的活动中介绍，中国复杂细分的市场需求，推动了3M不断进行本地化研发与创新，而且还在后续反向推广至全球其他市场。这段话就反映出3M对信息等资源的准确分轨，才得以保证资源在全球市场的有效重混。与此类似，乔布斯曾说苹果创立的“蓝图”是从惠普学到的，他认为“惠普绝对是硅谷最基本的DNA”。这里面的DNA，不正是乔布斯这位DJ从惠普作品中分轨而得吗？

洗泥，是说当一首歌曲各频率声音交错打架、缺乏清晰度时，如听不出底鼓和贝斯的区别，声音会比较零乱、很不干净，好像有“泥”，这就需要DJ通过“solo”（独奏）和拼入结合等方式进行过滤，从而保证重混的效果。亚马逊创始人杰夫·贝佐斯（Jeff Bezos）发现，用户通过电话解决问题并非最优解决方案，公司的目标应该是，能通过优化流程解决的问题，务必先优化流程，然后再考虑E-mail，最后一步才是电话。在他看来，最好的购物体验是用户可以自己完成一切，根本不需要联系你。可以说，贝佐斯先对创业资源配置全过程进行了“洗泥”，这样才有助于他今后得以重混出Kindle乃至火箭这样的新作品。

混响，意味着重混要在均衡的基础上，根据不同的场景、人物以及要素之间的相对关系，通过不同类型的效果处理，来提高临场感和真实感。美国《连线》（*Wired*）杂志主编凯文·凯利（Kevin Kelly）在其新书《必然》中写道，新媒体的流动意味着一个人可以轻松地理解动态影像并灵活运用，有了成熟的可视化技术，就可以为新媒体的任何物体、画面或场景添加脚注，而素材就是其他的物体、画面或电影片段。“可回放性”，将会营造出一种新的文化。美国科技创新领域著名记者罗伯特·斯考伯（Robert Scoble）等撰写的《即将到来的场景时代》），也强调通过各环节的联动效应让每个人都有身临其境的感觉。

2015年12月17日，美国《科学》杂志公布了2015年十大科学突破，全名为“成簇的、规律间隔的、短回文重复序列”的CRISPR基因组编辑技术名列头条，这种被誉为“基因剪刀”的新技术，是医学史上第一种可高效、精确、程序化的修改细胞基因组包括人类基因组的工具，正是重混逻辑在生命科学领域的精彩出演。这或许更为创业者成为“唱片骑士”、重混创业资源带来了不尽的思索，提供了无限启发。

注：本文主要内容刊发于《中欧商业评论》2016年第2期（标题为《像DJ那样创业》）。

品

创业蕴含的管理心经

情怀创业指南

相信朋友圈，还是只爱陌生人

为什么内向领导者，决策力更强

共享经济挑战传统认知

多彩的第一桶金

情怀创业指南

创业者可以像雷锋一样“做好事”？不都说创业者的“第一桶金”是肮脏的吗？赚钱的逻辑，应该是与行善背道而驰的吧？对此，先贤孟子的一句话——“君子创业垂统，为可继也”，早已做出了回答，道出了创业实际上所具有的造福普罗大众的社会功能。既然创业者的事业，可以为子孙后代所传承，那么，这些伴随和推动人类发展的创业活动，应该不是一股邪恶的黑势力，而是充满了生生不息的正能量。

不过，在现实中把创业与行善联系起来，并非易事。原因之一在于创业有时被过多地赋予了掘金的意味，从而让创业者的角色窄化为追逐私利最大化的人。事实上，创业者作为一群改变世界的人，是有可能和有动力从“做好事”中掘到金子的。这些金子，并不是来自于他人的施舍，而是在创业者获得财富的同时，创造的让自身和更多人收益的社会新价值——善金。

善金，不是缥缈的传说，是客观存在的创业故事，发端于每个人内心都具有的善。在我们身边，已经有一些创业者率先行动，挖得了善金，只不过我们可能还没有想到，“善”也会是一座宝藏。那么，满世界掘金的创业者，是不是可以静静，想想善金在哪里，然后再尝试着去挖一挖远在天边也近在心里的这座创业金矿。

善金是什么：在他人机会向自我机会转化中实现善的新价值

善金，是创业者通过识别和开发源于人的善的创业机会，创造出的能够带来社会福祉的新价值。这个内涵包括两个核心要素和两个关键环节。

核心要素之一：善

中国文化侧重于从人性的价值判断角度来理解善，最为经典的当属孟子“性善论”的阐述，他认为善包括恻隐之心、羞耻之心、辞让之心和是非之心，无此四心者，“非人也”。西方文化则倾向于从人的需求角度进行剖析，主张人虽然是自利的，但人性修养的终点一定是向善的。心理学家埃里希·弗洛姆（Erich Fromm）的观点具有代表性，人的第一潜能是善的，恶是善的发展受到阻碍的结果，只是第二潜能。所以说，你见或不见，善就在那里，人心中央。

核心要素之二：金

金是指创业的价值，反映创业的结果，包括创业者的收入和新企业的利润，也涉及解决就业和实现技术进步等方方面面。但是创业之金，更强调新的效用关系，而非财务指标。所以，有些跟风的创业项目，即便赚到了钱，也很难说有价值。而有些创业项目，即便亏损，却依然受人拥戴。亚马逊成立七八年一直不赚钱，至今也非盈利大户，但是，亚马逊“创新、不断创新”的价值在股市内外广受追捧。因此，创业的金，不等同于鼓鼓的钱包，而应该是一种无价之宝。

关键环节之一：他人机会

机会开发是创业价值实现的关键过程，起点源于创业者的他人机会信念，即创业者从外部环境的信号中感知到，存在一个对他人具有意义的机会。美国印第安纳大学创业学教授、国际顶级创业期刊《企业创业学杂志》（*Journal of Business Venturing*）主编迪恩·谢波德（Dean Shepherd）运用心理学理论，分析了创业者的认知和行为，发现他人机会的创业信念，开启了创业者从想法到行动的创业之旅。史蒂夫·乔布斯（Steve Jobs）的名言“活着就是为了改变世界”广为人知，其实，这句话更多的不是在抒怀个性，而是在“言他”，因为创业者要改变的世界，正是无数个“他”的集合。

关键环节之二：自我机会

创业者在他人机会信念之后，会将其进一步转化为自我机会信念，此时创业者认为，存在的是一个属于自己的机会，并且付诸行动去实现它。正是这份自我机会的信念，让创业者不再犹豫，促发了新组织创建等创业行为。这份信念也解释了为什么创业者在大众眼中，颇具“孤胆英雄”的气概，以很自我的方式“偏执”地追求自己的梦想。微软创始人比尔·盖茨（Bill Gates）有句话与此有异曲同工之妙：“在这个世界上，没有人能让你倒下，只要你自己的信念还在站立。”

善金的轮廓结构

将以上两个要素和两个环节融合，就可以理清善金的轮廓和内部结构，如图 3 所示。概括而言，善金源起于人

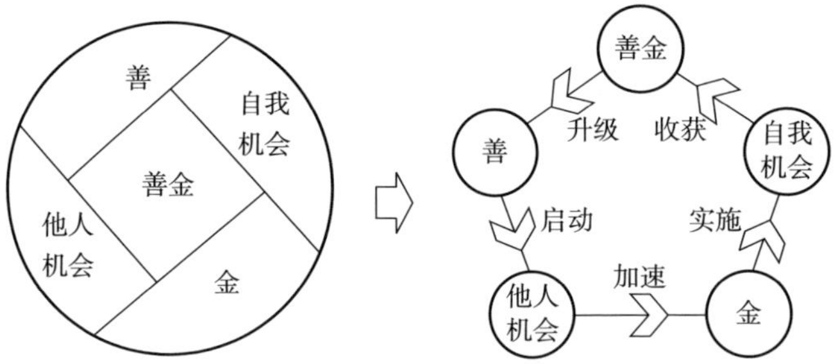

图 3　善金的轮廓和结构

性的善，落脚在创业收获的价值，通过创业者他人机会信念向自我机会信念的转化而实现。善金并不是对这四个问题的拼凑，而是四者的动态协同。善，贯穿在机会开发的过程当中，机会也成了善机；金，是机会开发的指向，但受益者不仅限于创业者，还包括更广阔的社会。通过创业者对机会的动态开发，最终带来的是具有社会福祉的新价值——善金。

善金在哪里：为人与人的善行边界打造交汇空间

善金虽然源起于每个人内心的善，但是，并非看不见、摸不着，因为善要通过人的行为来体现，这就为创业者发现和创造善金提供了现实抓手。那么，人的善行有什么规律呢？善行的内容和范围非常广泛，不过并非泛滥无边，一个基本特点就是，人的善行在不同情境下具有一定的边界。当创业者在人与人的善行边界之间找到或者建立了某种关系，让人与人的善行有了连接的纽带时，他也就发现了善金的藏身地。下面来看看三种常见的社会场景下，创业者找到的可观善金。

社区生活交往的场景："红娘"善金

在网络化时代，具有地理边界的社区生活，似乎不是创业主战场，但是，有人却在这里淘到了善金。2011 年，一个名为 Nextdoor 的美国邻里社交网络发布，致力于免费帮助社区邻里间建立联系，所有社区均由邻居组成，用户身份和家庭住址需被严格验证。用户在 Nextdoor 上面发布事件、推荐、分类消息、犯罪、安全和市民问题的信息，但是只能与邻居交流。

Nextdoor 创始人兼 CEO 尼拉夫·托利亚（Nirav Tolia）谈到创业初衷时说，"我们和邻居很友好但却不是朋友"，人们正在淡忘邻居的概念，这是先进的技术所犯下的错误，所以，瞄准与邻为善的 Nextdoor 乍看上去是"反直觉的"（Counter-intuitive）。但是，Nextdoor 运用独特的模式，让疏远的个体有了善行汇集的场所，为邻里之间的交往搭建起了免费且私密的平台，也使企业收获了善金。据报道，居民在遭遇洪水时，用 Facebook 或 Twitter 求助过，但最终是 Nextdoor 送来了救星。社区警察说，小区里有什么可疑的人或事，邻居都会发布在 Nextdoor 上，而在以前，“除非事情非常严重，人们不想打电话给我们”。在上线 3 年多的时间里，Nextdoor 建立起了超过 5.3 万个微型社区，融资上亿美元，公司估值超过 10 亿美元。看来，善金的藏身地，有时就在那些“老地方、老理儿”里，这就需要创业者常回到人性之初，像“红娘”一样去挖掘那些传统的善的需要，为人与人基本善行的交汇，提供新的“桥梁”。

社团服务交流的场景：“教练”善金

社会团体由具有共同兴趣或利益的个体所构成，是社会结构的组成部分。个体的善行，可以通过社团汇集，辐射出持续的价值。全球最大的社会领域创投组织 Ashoka，使命在于用创业的手段解决各类社会问题。他们选拔社会创业团体作为大力扶持的伙伴，并通过这些伙伴组织在全球各地服务社会创业者。虽然 Ashoka 的运营需要向基金会、企业、政府及个人筹款，但是创始人比尔·德雷顿（Bill Drayton）在 2011 年提出，成立 30 年的 Ashoka 将不再用“非营利组织”（Non-Profit Organization）或“非政府组织”（Non-Governmental Organization）来介绍自己，因为 Ashoka 正在引领全球经济和公民领域新规则，创造了实际的社会价值，不该用“‘非’任何事（Non-anything）”来做限定。

德雷顿笃信人心向善，认为人们愿意帮助他人“远离悲伤（Ashoka 的梵语含义）”，同时，倡导善与创业融合所产生的造福社会的巨大价值。目前，Ashoka 已经在 70 个国家拥有将近 3000 个伙伴，让 300 多万人直接受益。据统计，Ashoka 孕育人才与新事业的成功率，远远超过了财富 500 强企业中的任何一家，一半以上的社会创业者改进了原有的运营方式，并推动了相关政策的完善。德雷顿本人也和比尔·盖茨等商界明星一道，被美国媒体评为最伟大的领导者。由此可见，创业者可以像“教练”一样，在善行的传导中得到善金的回报，依托社会团体的平台，发挥组织领导者的作用，才能指引和激发人的创造力。

社群信息交互的场景：“导演”善金

互联网时代，人与人的沟通领域日益广泛，经常会突破生活区域和有形组织的边界，因此，基于信息分享所形成的社群关系网络，成为重要的创业场景。维基百科就在这样的场景中，收获到了善金。创始人吉米·威尔士（Jimmy Wales）推崇“独立的美德”，认为大部分人都有让世界变得更好的渴望，“网络世界充斥仇恨和火药味儿”的假设并不成立，所以才会有如此多的“志士”在这个社群贡献着有据可查的客观知识。“我要用世界上每一种语言，免费传递一个完整而全面的百科全书，即使最贫穷和最受压迫的人也能轻松查阅。”这句话既是威尔士的承诺，也是很多人努力的目标。

如今，维基百科已经涵盖了285个语言版本，总词条数超过2100万，远远超出了人类有史以来编纂的任何一部大百科全书。2012年，维基百科成为全球第五大网站，威尔士本人还担任了英国政府科技顾问，帮助政府如何利用互联网等新技术让决策透明化，以及让公民参与政府决策。维基百科一直坚持非营利模式，既是知识的殿堂，又是互联网的热门，同时还是最有效率的慈善机构，这些多重角色的交织，就像是威尔士导演的恢宏大戏，而参演的成员正是场景中的每个人。一位科技专家迈克尔·沃夫（Michael Wolf）评价说，“没有让维基百科发展成为富有的盈利企业的东西，正是让它极具价值的东西”。这也是善金所指向的无法用金钱测算的新价值，就像好导演一定会追逐艺术价值，而并不是仅盯着票房收入。

社会场景与善金类型

图4概括了上述三种社会场景下存在的三种善金，其中，灰色笑脸代表创业者，灰色箭头反映了创业行为方向；白色笑脸代表用户方，白色箭头反映了用户的善行方向。在不同的社会场景下，当创业者为用户善行边界打造出交汇的空间时，就极有可能收获带来社会新价值的善金。当然，创业的场景不限于这三个方面，善金藏身之处也多种多样。这幅图更重要的目的，在于启发创业者审视场景下

人的善行方向，规划自己的角色定位，让创业活动成为联结人与人善行的纽带，也为更广阔的社会带来富有创新意义的价值。

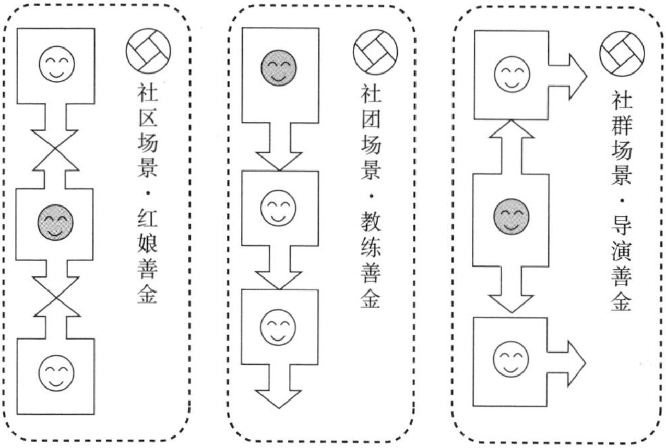

图4　社会场景与善金类型

善金怎么挖：掘金四部曲

解放创业者内心的道德家

善金的起点来自于善，首当其冲的是创业者的善，这是创业事业具有善的蕴意的出发之处。英国著名环保美容品牌美体小铺（Body Shop）的创始人、被《观察家报》（*The Observer*）评为“伦理奖”终身成就奖的安妮塔·罗迪克（Anita Roddick）女士，从创业伊始就坚持这样的理念：一个真正成功的企业家，心里除了钱应该还有些别的东西。那么，还有什么？

著名心理学专家、耶鲁大学保罗·布鲁姆（Paul

Bloom）教授的研究给出了答案。他在多年实验研究的基础上提出，每个人内心都活着一个苛刻的“道德家”。虽然，这份良善并不总是显现。但是，也依然能够催生创业者的善举。

美国创业研究学者托娅·米勒（Toyah Miller）和麦嘉·伦科（Maija Renko）等研究发现，亲社会性和怜悯之心作为暂时性的心理状态，能够让创业者将注意力集中在保护和促进他人福利上，并有助于创业活动的进行。

可以设想一下，“穷人的银行家”穆罕默德·尤努斯（Muhammad Yunus）当年把27美元借给42位赤贫农妇时，他内心的道德一定打败了他脑子里经济学理论的束缚。所以，创业者首先需要正视并解放活在自己心中的道德，让他吹响挖掘善金的第一声号角。

激发用户的共情能力

善金从心开始，但是，还需要创业者的头脑来接力。创业者有了创业想法，就要对他人机会展开分析，而用户是分析的关键。用户的善并不只是人的本能，更来源于他们的同情心、想象力和理性思考等能力，其中，创业者应重点关注共情能力。这是一个人设身处地体验他人处境进而感受和理解他人情感的能力，有助于善行在人与人之间理解和传递，为创业者探索善金开辟更广阔的空间。

Facebook的“赞”（Like）按钮带动了“赞的经济”，其实，之前的备选按钮还有“大爱”（Love）“同意”

(Agree)“真棒”（Awesome)。不过，Facebook 工程师发现，这些词都不如“赞”能够唤起更广泛人群的共鸣。而且，Facebook 不会考虑设置“踩”(Dislike) 的按钮，却已经开发了可部分替代“赞”的“同情”（Sympathize）按钮，当用户发布带有忧郁和悲伤等负面情绪的状态更新时，这一按钮可以自动出现，并自动替换“赞”按钮。Facebook 还推出了“马上捐”（Donate Now）按钮，让非营利组织筹款变得更加容易，而自己却不会在捐赠全过程收取任何费用。

通过这一系列按钮设计，不难看出 Facebook 洞察并把握了用户对他人境况感同身受的能力，企业也因此受到了更多用户的认可甚至推崇，社会价值回报也是显而易见的。

打造市场的合法化模式

创业的市场价值，推动了他人机会向自我机会的飞跃，即便获取的是善金，也依然需要接受市场机制的考验。美国加州大学的詹姆斯·黑曼（James Heyman）和麻省理工学院的丹·艾瑞里（Dan Ariely）两位教授，通过行为经济学实验发现，当利他行为有金钱报酬或标明礼物价格时，人们会依据市场规律来权衡报酬与付出的关系，如果市场规律与乐于奉献的社会规范相冲突，那么对抗的角力就会倾向于市场一边。这个发现不是在否定利他的善行，而是提醒创业者，需要重视市场规范的影响，在善与金的协同演化过程中，设计出能够提升合法化的行动模式。

Uber 所代表的共享模式，被视为环境约束背景下资源最大化利用的典范。但是，这种造福地球的做法，想要进入市场并持续运营下去，离不开创业者对各方利益相关者诉求的精心配置，而不是单靠给钱或免费就能够达成的。美、英两位心理学家特伦斯·伯恩汉姆（Terence C. Burnham）和多米尼克·约翰逊（Dominic Johnson）的实验证明，当今社会个体之间存在强互惠性，但是要想让这种倾向转变为实际的善行，还需要对行为的决策场合和实施成本等进行合理设计。因此，如何在市场中打造合法化模式，是让善能落地生金的关键一环。

催生社会的创新潜能

当创业者进入自我机会开发的阶段，为收获善金进行冲刺时，社会不仅是让创业者大展拳脚的舞台，同时还可以为创业者提供创新的源泉。换言之，善金不是创业者个人带来的结果，而是创业者与社会创新潜能互动的成果。

美国三个大学生创办于 2012 年的 Serengetee 是一个典型的例子。Serengetee 的创意来自这三个年轻人的一次旅行，他们将旅行中收集的具有各国特色风情的布料，别出心裁地做成口袋，缝制在潮流 T 恤和背心上，然后在网站上卖出。不过，Serengetee 的独特之处在于下面这些环节：口袋的风格和布料由消费者来选择；服装的展示模特均为顾客的真人秀；口袋的主题依据布料来源地来设计，针对慈善或社会现象（如灾难救济、扶贫、孤儿关怀等）；所得利润的一定比例，回馈给布料来源地的慈善机构；所有衣服包装原料均为废弃的信封，顾客付 10 美元年费就可“以旧换新”。

这几位年轻创业者用上述个性化的方式，获得了可观的收入，更筹集到了不少善款，为社会带来了福祉。在这个过程中，社会成员的参与和贡献，是让 Serengetee 的“口袋”盛满善金的关键。Serengetee 的年轻创业者相信，所有人都是这个世界的公民，他们希望自己能够为推动这个世界的进步而起到哪怕只是很微小的一分力量。“我们传递的信息，不是要去挽救世界，但是我们通过可持续性的商业模式，可以改变这个世界。”

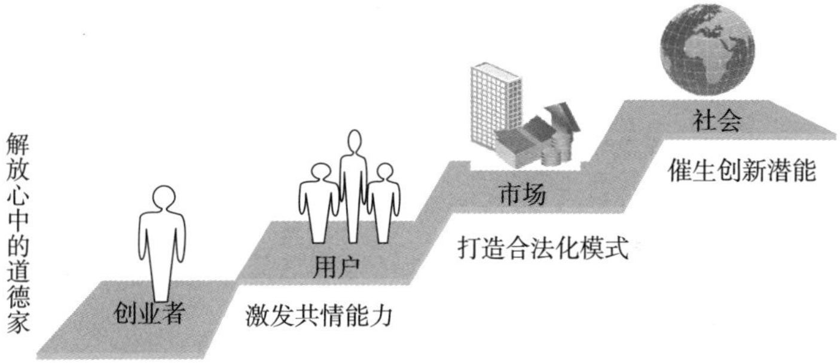

图 5　挖掘善金四部曲

尾声：“金喜善”还是“善喜金”？答案在创业中

善与金的结合，很容易让人想起中国传统文化中的“义利兼顾”主张，以及“人之初性本善还是性本恶”的千古辩题，但是，在创业的时代，到底是“金喜善”还是

“善喜金”，不应该是孰对孰错的判断题，或者是纠结文字的概念题，而是一道可以让创业者发挥创造力的论述题。没有限定的标准答案，只有一个个挖善金的创业过程所绘制的独特蓝本。

哲学家伯特兰·罗素（Bertrand Russell）说，“在一切道德品质之中，善良的本性在世界上是最需要的”。而提供和创造全世界最需要的事物，不恰恰是创业者最擅长的事情吗？挖掘善金的创业者，激活了世界上最需要的善良本性，创造出了更多人收益的社会福祉。谷歌创始人之一拉里·佩奇（Larry Page）谈到谷歌的一条训诫：“不要做恶人，而是要做我们认为会对用户、客户和所有人都有用的最好的事情。因此，我认为，如果我们知道了这一点，那将是一件不错的事情。”那么，创业者还迟疑什么，唤醒心中的道德，试着去淘淘善金吧！

注：本文原标题：《创业者都是活雷锋？快来挖挖善金》。
本文主要内容刊发于《中欧商业评论》2015 年第 10 期（标题同本文）。

相信朋友圈，还是只爱陌生人

设想一个场景：用户打算买一件电子产品，但却不了解它的质量。她知道自己的一个朋友已经买了一件，而另一个不熟悉的陌生人却没有购买。此时，她会决定买下这件产品吗？如果她的朋友圈里有 10 个朋友买了这件产品，而她还知道有 10 个陌生人并未购买，那么，她的消费决策又会是什么呢？

众所周知，“物以类聚、人以群分”，而且，人们经常通过对他人行为的观察和学习来做出决策，用户消费决策也不例外。但是，美国加州大学圣芭芭拉分校的安德鲁·德尔顿（Andrew Delton）和麦克斯·卡拉斯诺（Max Krasnow）两位学者，发表在《美国国家科学院院报（PNAS）》的模拟研究成果表明，情不自禁相信陌生人甚至倾向于选择与陌生人合作，并不是失常的行为，而是人类漫长演化的自然现象。那么，朋友圈和陌生人对于用户而言，谁更有利于用户做出正确的消费决策呢？从提供产品和服务的企业角度来看，用户的朋友圈和陌生人，谁对销售量的影响力更大呢？

朋友圈和陌生人，是什么样的社会网络

朋友圈和陌生人的区分，在于偏好的异质性之别。作为不同的社会网络形式，朋友圈里往往聚集着具有同质性偏好的人，而陌生人网络则是由异质性偏好的人构成。不过，这并不意味着朋友圈和陌生人，等同于强关系和弱关系的社会网络。这是由于强关系和弱关系的衡量标准，是人与人之间的连接程度。从经典的同质性理论来看，偏好的异质性是强/弱关系的前置要素，也因此更能反映出朋友圈和陌生人之间最为本质的差异。

在当今信息技术和社交网络盛行的时代，朋友圈和陌生人独特的信息作用机制，值得企业管理者关注。第一，每位用户在朋友圈和陌生人网络中，接收产品信息的方式，都是基于自我的私人化和独立的方式，而不是与其他人的相互关联。第二，在朋友圈和陌生人网络中，产品信息有可能存在“信息遗失”的现象，而不是全部被吸收和使用。第三，用户倾向于从自身利益出发做出理性的消费决策，而不是迫于朋友圈或陌生人的群体压力等社会心理，做出从众的行为选择。第四，互联网和社交媒体技术的发达，让用户看到了更多的朋友圈和陌生人的消费行为，强化了用户通过产品信息进行社会学习的意识，而在过去，用户更多的是在有限的物理空间和地理区域里，通过身边消费者的行为进行观察与学习。

由此可见，在互联网全面渗透的社会生活领域，无论是

偏好同质性的朋友圈还是偏好异质性的陌生人，这两种社会网络都会提升用户在做出消费决策前观察和学习的能力，同时也提升了企业把控用户社会网络的可能性和运作空间。

例如，亚马逊很早就在网页上为用户提示，浏览某页产品的顾客最终购买了什么，让用户了解其他人之前的消费行为。从2010年开始，亚马逊与Facebook合作，为用户提供社会评价信息。当一位用户将自己的Facebook账户与亚马逊账户相连时，那么，她在亚马逊上浏览和选购一件产品时，就可以看到同样这样绑定账户的好友，是否购买或“点赞”了这件产品。再如，在牛仔裤品牌李维斯的母公司李维·斯特劳斯（Levi Strauss）的网站上，用户既能够看到她的朋友们在“朋友商店”（Friends Store）的购买选择和偏好，还能够获知互不相识的陌生人在“大众商店”（Everyone Store）的这些信息。就连搜索引擎必应（Bing）也实现了用户账户与其Facebook和Twitter等社交网络账户的绑定，这就让每个人都有可能观察到来自朋友圈和陌生人的两类行为信息。

陌生人网络，为何可以战胜朋友圈

在传统观念中，用户更有可能效仿她的朋友们。柏拉图有句名言，相似性带来了友谊（Similarity begets friendship）。著名社会学家保罗·拉扎斯菲尔德（Paul Lazarsfeld）和罗伯特·墨顿（Robert Merton）在半个多世纪前提出的同质性理论就主张，人们通过与那些有着相似教育、社会经济地位和价值观的人的交流，可以更好地认识自己。因此，相较异质性的陌生人，同质性的朋友们的行为信息，对用户来说更加有用、更具指导性。例如，朋友买的一本书，要比路边或网络上任意一位陌生人买的书，更有可能符合用户的偏好。美国加州大学伯克利分校的学者安瑞克·莫里提（Enrico Moretti）研究发现，人们在决定看什么电影时，会倾向于朋友们的选择。

但是，这并不意味着在影响用户消费决策方面，朋友圈总是跑赢陌生人，相反，陌生人网络也有战胜朋友圈的时候。清华大学教授陈煜波与美国两位学者的最新研究证明，随着网络规模的扩大，朋友圈极有可能产生“信息瀑布”（Information Cascade）现象，而陌生人网络却不太可能出现类似的情况。“信息瀑布”意味着用户在观察其他人的消费行为时，忽略甚至无视自身拥有的与观察信息冲突的信号，转而采取与其他人相似的行为，结果可能造成错误的决策。这样看来，在一定的规模水平上，对“信息瀑布”具有较高绝缘性的陌生人网络，就要比朋友圈能够为用户提供更有用的产品质量信息。

“信息瀑布”的出现，或者说陌生人网络是否能够战胜朋友圈，取决于两个重要的行为效应。一是个体偏好效应（Individual Preference Effect），即用户对先前行为的偏好要素越明确，做出正确产品质量判断的可能性越高。二是社会从众效应（Social Conforming Effect），即用户遵从他人行为的可能性越高，使用自身拥有的质量判断信息的可能性越低。这是两个相互对立的效应，影响着人们在异质性网络中的社会学习过程。

由于个体偏好效应的存在，现如今越来越大的网络规模，对用户的社会学习会产生消极影响，因为增大的网络带来了更多的异质性，使用户难以明确先前行为的偏好要素，从而造成用户做出正确判断的可能性下降。相反，由于社会“从众效应”的存在，异质性程度越来越高的大规模网络，降低了用户遵从他人行为的可能性，从而增加了用户采纳自身拥有的质量判断信息的可能性，但这却有利于用户开展积极的社会学习。在小规模的网络里，个体偏好效应大于社会从众效应，发挥主导作用；在大规模的网络里，社会从众效应大于个体偏好效应，成为主导力量。

在此基础上，陈煜波教授等进一步提出，由于朋友圈是同质性偏好的社会网络，因此，当朋友网络规模扩大到一定程度之后，用户观察新增行为的社会学习效果，将出现边际回报递减的情况。换言之，了解一些朋友的信息，就能帮助用户做出产品价值的推断，即便了解再多的朋友，也不会改变用户的判断。与此截然相反的是，用户却能够从持续增大的陌生人网络中得到收益，因为陌生人网络具有偏好异质性，网络规模越大、异质性越高，而此时由于社会从众效应主导着用户的学习，因此，用户倾向于通过观察陌生人做出精确的判断，这也调动用户去积极运用自身所掌握的质量信息。图 6 反映了在不同规模的社会网络中，用户做出正确质量判断的可能性。

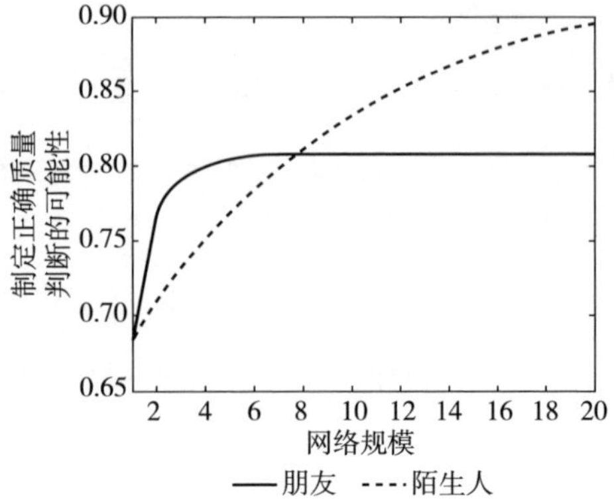

图 6　不同网络下做出正确质量判断的可能性

向朋友圈和陌生人营销的五点秘密

产品高质量，不等于销售高数量

对于高质量的产品，当用户身处的网络规模越大，或者所了解的产品质量信息越精确时，陌生人网络会比朋友圈创造出更多的销售量。原因在于，当偏好异质性的陌生人网络规模到达一个拐点，网络越大，偏好异质性就越有利于用户得到精确的信息，从而放大了用户做出有效质量判断的可能性。因此，高质量产品信息在陌生人网络，产生了比朋友圈更为巨大的影响力。

相反，对于低质量的产品，朋友圈则比陌生人网络更能推动这类产品的销售。这是因为“信息瀑布”的存在，使朋友圈规模越大，用户做出错误判断的可能性较陌生人网络更高。这些偏差在市场上积聚，最终让低质量产品得利，获得较大的销售量。

网络不同，专家作用迥异

一般而言，现实生活的社会网络中，总有一些人较其他人，掌握着更为准确的产品质量信息，发挥着潮流引领者的作用。这些人通常被称为“专家”。当“专家”进入市场，做出购买一件新产品的决策时，这一行为就会影响后续用户的消费决策。

在朋友圈里，“专家”首当其冲的行动，就会有第二个、第三个直至第N个人跟上，而且跟进者常常忽略自己观察到的信息。但是，研究发现，“信息瀑布”的存在，造成第三个人在没有专家的情况下，反而能够做出更好的质量判断，而且，第四个以及后续的跟进者，做出正确判断的可能性并不比第三个人小。因此，在朋友圈里，专家降低了网络中后来者做出正确质量判断的可能性。

而在陌生人网络中，紧随专家之后的第二个人，虽然和朋友圈里的情况一样，做出正确判断的可能性增加，但是，由于偏好异质性的存在，专家导致的“信息瀑布”没有发生，后面的跟进者将会融合自身拥有的信息和先前所有人（包括专家）的行为信号，这种信息整合有利于后面的决策制定，也使“专家”的知识得以延续。因此，在陌生人网络，“专家”让产品质量的判断更加准确。

定位广告向左，非定位广告向右

在影响用户信任和认知的营销组合中，广告是最为常见的手段。广告的核心目标是让用户对产品的认识朝积极的方向转变。这就意味着，一旦用户看到了广告，她先前对产品的信任将会增加。但是，依然是由于“信息瀑布”的存在，使广告策略在朋友圈和陌生人网络中产生了不一样的作用（见图7）。

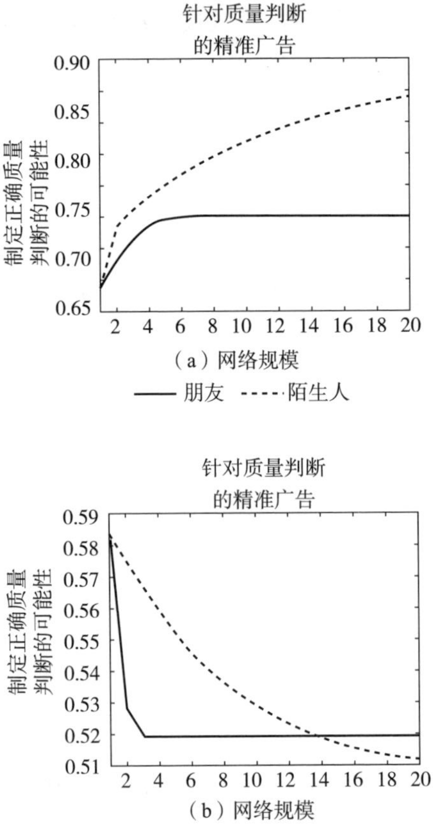

图7　定位和非定位广告在不同网络中对质量判断的影响

定位广告在朋友圈和陌生人网络，都能对用户制定正确的质量判断产生积极的作用，不过，这种积极作用的程度，在陌生人网络要高于朋友圈，并呈现出递增的趋势；而在朋友圈，这种积极作用将在网络规模达到一定程度时保持不变，换言之，当朋友圈的规模比较大时，那么，朋友圈人数无论怎么增加，定位广告的积极作用都不会加强。

有意思的是，非定位广告在朋友圈和陌生人网络，都会对用户制定正确的质量判断产生消极作用。在朋友圈里，从第一个人到第三个人，正确判断的可能性经历了“高空跳水”般的极速递减，之后这一数值将保持平稳。而不同的是，在陌生人网络，这种消极作用将随着团队规模的增加，逐步持续地下降。这是由于非定位广告，使每个人自身拥有的信息，既包括产品质量信号，也有广告传递的信息。这些掺杂在一起的信息不断集聚，让那些后续的用户很难有效地将自身信息运用到决策中，从而影响了制定正确判断的可能性。而在朋友圈，“信息瀑布”很快显现在最初几位用户的决策过程中，因而没有让非定位广告带来的掺杂信息，一直存在于网络当中。

无论高低大小，匹配就好

无论是高质量的产品，还是低质量的产品，当产品与用户的偏好不匹配时，就会带给用户负面的效用。无论网络规模是大是小，朋友圈和陌生人网络都有可能带来积极信息，从而有助于用户的消费决策。小规模的朋友圈要比陌生人网络，更能带来积极的信息。大规模的陌生人网络要比朋友圈，更有助于用户的消费决策。在网络异质性和网络集聚信息之间，存在倒U形关系。因此，仅仅为用户提供朋友圈的社会互动，对企业而言并非益事，尤其是那些提供高质量产品的企业，需要关注陌生人网络。但是，这并不意味着，网络的异质性越高越好。与同质性一样，网络异质性过度也会产生负面作用。当异质性程度超过临界点时，个体偏好效应将超越社会从众效应，成为主导力量，如果这种异质性继续加剧，消费行为信息就会产生巨大噪声，不利于积极的社会学习。

社交登录，并非“万能胶”

社交登录，也称作社会化登录（Social login），是指网站用户能够使用社交网络媒体的账号登录自己的网站。那么，在社会网络规模越来越大的互联网时代，社交登录是每个企业的最佳选择吗？回答这个问题，既要考虑企业提供的产品，还要考虑具体情境。

当企业销售的是瞄准利基市场的新产品（如在美国市场上的一款增白护肤品），那么，为用户提供基于朋友圈的社交登录，将更加有效。正如前文分析的原因，利基产品紧紧瞄准非常特定的细分市场，而且这一市场的潜在规模相对较小，观察朋友们的行为有助于用户制定更为准确的质量判断。因此，企业可以从定位朋友圈的创新型领导者开始行动。但是，对于那些着眼于大众化市场产品的企业，潜在的市场规模非常大，因此，陌生人网络可能会发挥更为积极的作用。

当情境中的公共信息非常嘈杂（如欠缺第三方评价的一种全新产品或者使用新技术的已知产品）时，高质量企业可以借助社交登录从市场上的朋友圈网络获益。因为在这种情境下，陌生人行为信息的增加，将会加剧信息混乱的状况，用户更有可能做出错误的判断。而在朋友圈网络，相对清晰的信息有助于提升决策质量和销售数量。

当网络构成处于高度同质性和高度异质性之间的水平，即在网络规模和信息准确性相同的条件下，网络中既有朋友、熟人，也有陌生人时，信息整合的有效性最高。当网络规模越来越大，公众信息越来越准确，企业在推荐信息时，应该更加重视陌生人而非朋友圈。

需要说明的是，炫耀性的产品并不在以上分析之列。因为这些产品的价值会受到已经拥有产品用户数量的影响，产品用户追求的是独一无二的体验，他们不太可能跟从朋友们的消费行为。虽然这类产品的社会效应对用户学习的影响机理尚不清楚，但是，同质性和异质性网络对用户观察学习的影响，是毋庸置疑的。

是朋友，也是最熟悉的陌生人

互联网时代的营销，不能用传统的眼光来认知，到底谁是用户的朋友还是陌生人。美国研究人员的最新数据分析发现，伴随着诸如 Pinterest（照片分享网站）、Quora（问答

SNS 网站）和 Flipora（基于浏览历史的内容推荐引擎）等基于兴趣爱好的社交网络的兴起，越来越多的用户都是按照共同的兴趣爱好来选择社交网站，而不是简单地把线下关系移到线上。正如一位大学老师在选择买什么书当教材时，她的同事会进入决策参考的朋友圈，而当她在选择看什么电影时，这位同事却不会出现在影响决策的朋友圈中。

生物学领域有一种奇特的“循环磨”（Circular mill）现象，讲的是几乎不能依靠视力导航的军蚁，总是通过寻找前面一只蚂蚁留下的气味等信息作出判断，结果导致它们常常没有目的地一直绕圈子，甚至陷入“自杀螺旋”，最后因为精疲力竭而死亡。物理学中有一个广为人知的名词“布朗运动”，是指任何物质的分子，不论在什么状态下，都会永不停息地做无规则的运动，而且，物质的温度越高，分子的无规则运动就越剧烈。这种各自迥异而非趋同的运动方式，成为科学家的解决难题。

如何避免朋友圈带来死循环，如何挖掘陌生人网络的动力源，上述两个自然界中的“朋友圈”和“陌生人”实例，或许能给当下的社交网络营销，带来些许警示和启发。

注：本文原标题：《用户的消费决策，更相信朋友圈、还是只爱陌生人》。
本文主要内容刊发于《中欧商业评论》2016 年第 1 期（标题同本文）。

为什么内向领导者，决策力更强

一直以来，内向者是否能够成为富有影响力的领导者，并未被公众一致看好。相比外向型人格特质，内向型人格特质似乎难以胜任指挥千军万马的领导者角色。不过，近二十年来，基于社会学和心理学等多学科交叉的科学研究成果，从不同角度质疑甚至推翻了上述看法。

美国达特茅斯学院商学院的两位学者丹尼尔·费勒（Daniel Feiler）和亚当·克雷恩鲍姆（Adam Kleinbaum），在心理学领域全球顶级学术期刊《心理科学》（*Psychological Science*）即将刊发的论文中，再次为内向者具有领导力优势提供了科学证据。他们选取了美国东北部的一所私立大学，以该校即将入学的284名MBA学生为样本，运用规范量表和统计方法，调研了学生从彼此陌生的新学期第1周到逐渐熟悉的第11周（前5周为研究第一阶段，后6周为第二阶段），友情网络的形成过程，分析了外向型和内向型人格特质与社会网络的内在联系。

费勒和克雷恩鲍姆研究发现，个体的社会网络无法系统反映整个社会的人口网络状况，个体社会网络的外向型水平，要高于人口网络外向型的平均水平，这种偏差被他们称为“网络外向偏见”。数据结果显示，内向者要比外向者面对较低的“网络外向偏见”，对这种偏见具有较高的校准能力，因此，内向者的决策认知和行为，不容易受到“网络外向偏见”的干扰，而外向者由于面对较高的“网络外向偏见”，则更需要谨防偏见所产生的不利影响。可以说，这项最新研究，再次为内向者领导力跑赢外向者背书。

“友情悖论”：不只关乎朋友圈大小

一个有意思的数学定律

费勒和克雷恩鲍姆的研究出发点，是美国纽约州立大学斯科特·菲尔德（Scott Feld）在1991年提出的一个有点挑衅性的研究发现——“友情悖论”（Friendship Paradox），即每个人拥有的朋友数目，都不如他的朋友们拥有的朋友数目多。

与此类似的生活现象还有不少。例如，大学生上选修课的班级规模均值，总是大于这所大学的班级均值，只有极少数学生所在的班级规模偏小。再如，人们在饭店、海滩和高速公路等公共场所经历的拥挤程度，往往高于这些地方的通常状态。哈佛大学医学社会学教授尼古拉斯·克里斯塔克斯（Nicholas Christakis）等学者甚至发现，朋友之间的疫情流行比社会整体疫情流行的高峰期早了四十多天。

这个悖论在统计学上能够得到验证，同时，还具有重要的社会意义。友情是一种社会联结，一个人拥有的社会联结数目越多，那么，这个人越有可能出现在其他人的社会联结中。按照“友情悖论”，一个人拥有的朋友数，会小于他的朋友们所拥有的朋友数的均值，这就意味着人们的社会网络中，集中了较多的拥有更广泛社会联结的人，从而造成个体的社会网络构成不平衡。

一个待探讨的领导问题

友情可以带来满意度和安全感，更是评价自我和他人的重要依据。现代心理学奠基人穆扎费尔·谢里夫（Muzafer Sherif）认为，一个人对社会行为的信念绝大部分取决于他直接接触的社会环境。依据他提出的社会判断理论，美国心理学家莱斯利·麦克阿瑟（Leslie McArthur）和鲁宾·巴伦（Reuben Baron）进一步明确，一个人的社会认知是与他具有社会联结的人所塑造的。

基于上述思路，费勒和克雷恩鲍姆提出，个体社会网络构成中拥有更多朋友的人偏多，那么，这种不平衡状态，就会给人们对自我和他人的认知造成偏见，从而影响个体对社会行为的信念和决策。因此，有必要从“友情悖论”的数学定律出发，去挖掘社会网络不平衡状态形成和发展的深层次规律。为此，他们选取个体的人格特质作为切入点，以“大五”人格特质的基础维度之一“外向型—内向型”作为分析视角，探讨外向者和内向者的社会网络形成规律以及不平衡状态。

这项研究对领导者的意义在于，领导是影响其他人共同完成组织目标的过程，领导者身处的社会网络，是其开展工作的直接情境，能够影响甚至决定领导者的决策标准和行为。如果不同人格特质领导者的社会网络形成和不平衡状态具有差异，那么，掌握背后的科学原理，有助于内向或外向的领导者，客观认知自身在领导过程中社会网络建立及其作用发挥的规律，降低决策偏差的可能性。

社会网络形成的双因素和二元效果

双因素：受欢迎程度和外向同质性水平

社会网络的形成，在现实当中表现为两个人成为朋友。一般而言，社会环境中两个人成为朋友的可能性，会因两人之间的互动性和相似性而增加，而且与个体人格特质的外向型或内向型程度相关。为此，费勒和克雷恩鲍姆选取受欢迎程度和外向型人格特质同质性，来反映互动性和相似性，并分析内向者和外向者在这两方面的异同。

为了测度受欢迎程度，两位学者在研究实施的两个阶段，分别让 MBA 学生独立在线回答下列问题：“你更愿意花费空闲时间与谁相处？据你观察，自从你们入校以来，在非正式的活动中（如外出午餐、晚餐、酒会、看电影、到家里串门等)，你与班上的哪位同学接触的最多”？为了测度外向型人格特质，他们采用了经典的“大五”人格量表，其中指代外向型人格特质的题项涉及“开朗”“健谈”

“好社交”“活力四射”“饱含热情”和“充满自信”等，同时还有反义题项，如“沉默寡言”。

关于受欢迎程度，两位学者研究发现，在其他条件相同的情况下，外向者要比内向者更有可能将其他人选为朋友，也更有可能被其他人选为朋友。数据表明，在第一个研究阶段，处于第90个百分位水平（很高外向型水平）的外向者，把其他人选为朋友的可能性为11.7%，被其他人选为朋友的可能性为11.6%；而处于第10个百分位水平（很低外向型水平）的内向者，这两个可能性分别为7.8%和7.9%。在第二个研究阶段，无论在选择其他人作为朋友，还是在被其他人选为朋友方面，外向者与内向者之间的差距，都较第一研究阶段明显拉大。换言之，外向者与其他人成为朋友的可能性较内向者高，而且外向者与内向者之间的差距会随着时间的推移越来越大。因此，总体上，外向者的受欢迎程度较高。

关于外向型人格特质的同质性，数据分析表明，如果两个人在外向型人格特质方面的水平越接近，那么，他们彼此之间将对方选为朋友的可能性越大。例如，两人的外向型人格特质相似度处于第90个百分位水平（很高相似性水平）时，互相选为朋友的可能性为10.2%；处于第10个百分位水平（很低相似性水平）时，可能性降为8.8%。不过，这两个可能性之间的差距，在两个研究阶段没有明显差别。据此可见，对于内向者而言，当其他人越是外向时，意味着他们之间的外向型人格特质的同质性越低，因此，两个人越难以成为朋友。

二元效果：内向者和外向者交朋友迥异

费勒和克雷恩鲍姆认为，受欢迎程度和人格特质的同质性，就是社会网络形成的“双重根基”（Dyadic Underpinnings），并用图8概括了当自己是内向者（见图8（a））或外向者（见图8（b））人格特质时，对方的外向型人格特质程度，对双方成为朋友可能性的两种不同影响结果，即二元效果。

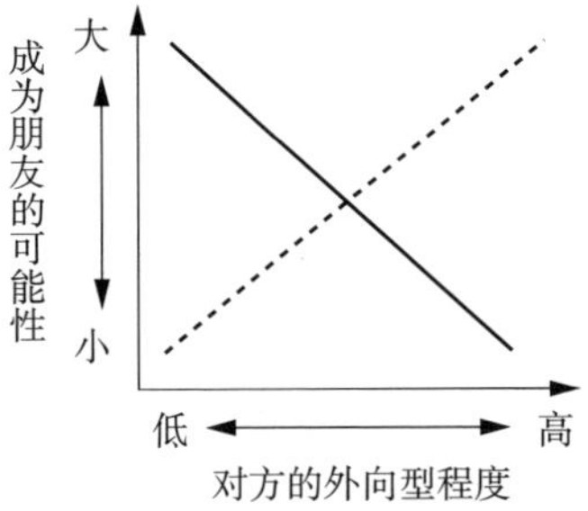

（a）当自己是内向者

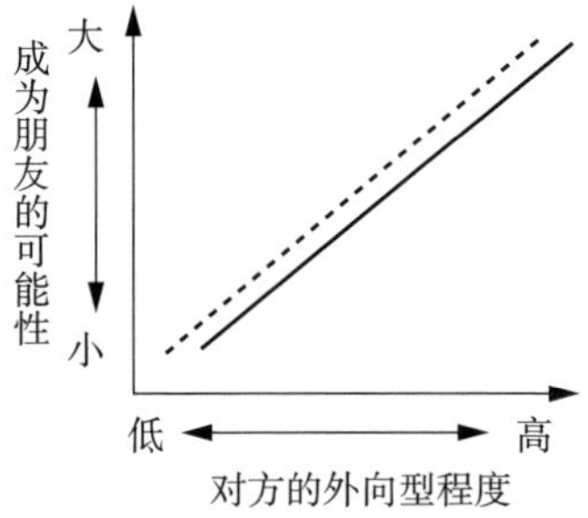

（b）当自己是外向者

图8　外向型的二元效果

左边的图（见图8（a））表明，当自己是内向者时，对方的外向型程度越高，则越受欢迎，从而使两人成为朋友的可能性越大（如虚线所示）；但是，对方的外向型程度越高，也意味着与内向者自己的外向同质性越小，从而使两人成为朋友的可能性越小（如实线所示）。

右边的图（见图8（b））表明，当自己是外向者时，对方的外向型程度越高，则越受欢迎，从而使两人成为朋友的可能性越大（如虚线所示）；但是，对方的外向型程度越高，也意味着与外向者自己的外向同质性越大，从而使两人成为朋友的可能性越大（如实线所示）。

两位学者还发现，社会网络规模会随着时间的推移而增加。以受访者选取朋友的数目为例。在研究的第一阶段，处于中位数（将数据排序后，位置在最中间的数值）的受访者选择了 16 人作为朋友；而在研究的第二阶段，处于中位数的受访者选择了 26 人作为朋友。另外，受欢迎程度和外向同质性水平的作用强度并不完全一致。总体而言，外向同质性水平虽然也会对社会互动产生重要影响，但是，影响力不如受欢迎程度的影响力大。

“网络外向偏见”：内向者纠偏能力优于外向者

外向者超载的社会网络

费勒和克雷恩鲍姆认为，受欢迎程度和外向同质性水平各自对社会网络的影响，看上去简单直接，但是，当把这两个因素放在一起分析时，就具有了深层次的意味。为此，他们在对受欢迎程度和外向同质性分析的基础上，进一步探讨了二元效果对个体社会网络的影响。

首先，他们提出了人口外向型水平和网络外向型水平两个概念，前者是整个社会环境中外向型人格特质水平的平均值，后者是个体社会联结中的外向型人格特质水平的平均值。

如果友情是在人口中随机建立的，那么，网络外向型水平与人口外向型水平应该相同。但是，正如前文所言，费勒和克雷恩鲍姆对受欢迎程度和外向同质性的分析表明，个体人格特质中，外向型水平越高的人，就越有可能和其他人建立友情。因此，交朋友并不是一个完全随机性的活动，这就造成一个人的社会网络中，外向者偏多、内向者偏少，最终导致个体社会网络中的外向者“过度代表”了整个社会“朋友圈”的实际外向水平。

据此，两位学者提出了“网络外向偏见”的概念，即网络外向水平整体上高于人口外向型水平，换言之，个体社会网络的外向型人格特质的平均水平，要高于整个社会环境的外向平均水平。他们确认，人们的社会网络是一种不平衡的结构，体现在具有较多社会联结的人偏多。

两位学者通过严密的统计方法，将全部调查对象所反映出的人口外向型水平设置为0，然后分析个体的网络外向型水平。数值表明，后者数值大于0，且在统计意义上明显高于前者。而且，“网络外向偏见”不会随着时间而增加，也就是说，个体社会网络的这种不平衡状态，容易形成并将保持稳定。

越外向越跑偏，越内向越校准

那么，一个人的人格特质与“网络外向偏见”之间具有联系吗？对此，费勒和克雷恩鲍姆不仅给出了明确肯定的回答，而且还指出，外向型人格特质水平越高，“网络外向偏见”就越大。

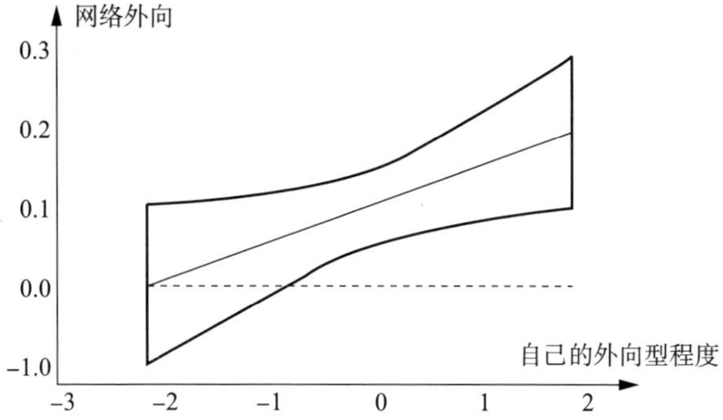

图 9　“网络外向偏见”示意

图 9 是两位学者总结的个体网络外向水平与其人格特质外向型程度之间的关系，从中可以对“网络外向偏见”有一个直观的认识。图中横轴代表自己的外向型程度，数值 −3 表明极端内向，数值 2 表明极端外向。纵轴代表网络外向水平。虚线代表人口外向水平，如前所述，这个水平被研究者运用统计方法处理为标准值 0。实线与虚线之间的距离，就是“网络外向偏见”程度，实线框起来的区域反映了实线的 95% 置信区间。

从图 9 可以看出，自己的外向型程度越高，实线与虚线的间距越大，意味着“网络外向偏见”越大。当一个人的外向程度大于均值时，那么，这个人越外向，他的“网络外向偏见”就会加速增大。但是，当一个人处于极端内向水平时，他的网络外向水平则是校准程度最高的，如图中黑色实线区域最左侧所反映的，就存在正负相抵的情况。

为了保证研究结论的普适性，费勒和克雷恩鲍姆还证明，本研究选取 MBA 学生作为样本，并没有影响研究结论在更广阔社会范围内的代表性。同时，他们也注意去控制一些人口统计特征对研究的影响。例如，他们发现，只有“美国公民”这个特征，会与网络外向明显相关，而其他要素如种族、性别和年龄等，并不影响数据分析的结果。

由此可见，外向者社会网络具有较大的“网络外向偏见”，而且，越外向，偏见越大。同时，内向者社会网络具有较小的“网络外向偏见”，而且，越内向，越能校准。

内向者领导力：“一直很安静”的力量

谨防“偏见”的副作用

费勒和克雷恩鲍姆的这项研究，再次为内向者领导力正名。他们的研究结果意味着，当领导者的人格特质为内向型时，他的社会网络结构，相比外向型领导者，会比较平衡，也就是具有更小的“网络外向偏见”，更加接近社会整体环境的真实外向型水平。因而，内向型领导者就会拥有一个相对真实的网络环境，在这样的管理情境直接作用下，内向型领导者更有可能做出相对客观的判断和决策，从而更有助于保证领导的效果。

虽然这并不表明外向者的社会网络全部失真，但是，“网络外向偏见”对外向型领导者是一个提醒，因为在一些重要的方面，外向型领导者的社会网络可能会“错误地代表”整个社会人口的实际状况。

不能小看了偏见对领导者的影响。2002 年，诺贝尔经济学奖获得者、经济学家兼心理学家丹尼尔·卡内曼（Daniel Kahneman）教授与其合作伙伴，曾在 2011 年的《哈佛商业评论》上发表了一篇名为《在你做出重大决策之前》的文章。文章指出，危险的偏见能够潜藏在每一项战略决策当中，领导者需要在误入歧途之前发现并克服它们。这就需要领导者重视对他人的观点进行评析，然后决定是否接受或否决这些观点，或是将其交给下属。麦肯锡公司曾对 1000 多名企业投资者做过调查，结果发现，组织在决策过程中为减少偏见做出的努力，将会让组织的收益回报提高 7 个百分点。

因此，“网络外向偏见”所反映出的社会网络结构的不平衡，很有可能会影响领导者决策。斯坦福大学商学院弗朗西斯·弗林（Francis Flynn）和南加州大学商学院斯科特·威尔特姆斯（Scott Wiltermuth）两位教授，针对研究生、企业管理者和企业员工三个独立的群体做的一项认知偏差研究发现，组织中的成员总是过高地估计其他人在伦理问题上认同自己观点的程度。而且，个体在社会网络中的中介角色（成为人际联结的桥梁），有可能加剧这种偏见，越是身处社会网络的联结中心，个体的这种偏见就越严重。

大音希声，大象无形

近两年来，陆续有一些研究证明，较高的外向型人格特质并非总是件好事。同时，内向者领导力的积极作用，也逐渐受到关注。沃顿商学院的亚当·格兰特（Adam Grant）教授等就验证了外向型领导者对员工的影响并不都是积极的。还有一些学者证实，虽然外向者较内向者更有可能获得领导职位，但是内向者和外向者的领导效果却没有什么差异。

在这些前期文献和自己研究发现的基础上，费勒和克雷恩鲍姆最后总结，内向者具有最小的“网络外向偏见”，有助于他们成为更好的领导者。如果内向者利用好领导过程中的社会网络校准过程，包容身边同事、团队成员和企业员工中的外向者和内向者，就可以提升自身的领导效果。而对于外向者来说，“网络外向偏见”偏大，如果领导者无视偏见并任由其加重，就极有可能导致错误的自我认知和管理决策。

当然，内向者领导力的有效性，仍有待未来研究进行持续深入的探讨。为此，费勒和克雷恩鲍姆提出了后续研究可能有价值的问题：“网络外向偏见”是否造成了每个人在其他人眼中都要比实际情况更外向？如果人们都认为自己的社会行为，不如感知到的社会规范外向，是否会导致个体的归属感、自尊和自我价值感下降？如果人们把自己社会网络的外向型水平，当作整个社会的规范要求，是不是还会对年轻人的教育以及他们的行为取向产生误导？

老子在《道德经》里说，“大音希声，大象无形”。内向者相比较健谈、活跃的外向者，颇具“希声”和“无形”的表征。令人欣喜的是，越来越多的学者还用科学研究证明，内向者也可以实现“大音”和“大象”的领导效果。不过，评析内向者和外向者领导力，并不是在做内向者和外向者孰好孰坏的单项选择题，关键是要看他们的领导力如何，以及如何更好地发挥功效。费勒和克雷恩鲍姆的这项研究，为内向者鼓舞了士气，也为外向者敲响了警钟。面对“网络外向偏见”，领导者们准备好了吗？

注：本文主要内容刊发于《中欧商业评论》2015 年第 11 期（标题为《外向领导者更易决策失真》）。

共享经济挑战传统认知

共享经济火了，被众多创业者视为一个风口甚至新的时代。但是，共享经济也在不少地方受挫，共享车的Uber遭封杀、共享住的Airbnb引非法争议、共享吃的EatWith被质疑保险有漏洞。这一热一冷的背后，折射出的是投身共享经济的创业者与制度之间的博弈。

共享经济兼顾“人人为我”和“我为人人”，本是件让创业者和政策制定者都皆大欢喜的事情，之所以会出现上述冲突，根本原因在于共享经济是一种新的商业范式，而当前制度是旧范式的“常态”，由于新旧范式转换具有不可通约性，于是，创业者在这个过程中就成了“革命者”，与当前制度的矛盾也就在所难免。那么，探路共享经济的创业者，如何与制度演绎新旧范式的变革之战呢？

与认知制度“动武”：深度开发机会

创业的核心是机会，共享经济创业也不例外。创业机会直接指向用户需求，与人们对社会现实的认知紧密相关，而这正是制度的三个基本维度之一。因此，创业者想要分一块共享经济的蛋糕，首先要向制度的认知维度“动武”，从中挖掘有价值的机会。虽然这个过程会遇到障碍，但是，假以时日，当人们形成并熟知这种新的理念时，创业者将会收获回报。

共享经济鼻祖 Airbnb 宣扬的“重使用权、轻占有权”理念，在 2008 年创业时颠覆了传统的商业认知体系，被当时的硅谷创业教父鲍尔·格拉海姆（Paul Graham）评价“过于疯狂”，也未被其他投资人看好。但是，经历初期沉寂的 Airbnb 坚持了下来，现在成了追随者效仿的榜样。

如今，创业者在不停地挑战认知制度，使共享经济引领着人们不断更新自己对这个社会的理解，并将这些新认识转化成契合共享经济的知识和技能，正在形成新的认知制度。最新调查表明，德国 12% 的人通过互联网进行“合作式消费”，这一比例在 14 ~ 29 岁的年轻人中高达 25%。在美国，52.4% 的人没有全职工作，但这些人不都是低收入和找不到全职工作，当中不乏接受过高等教育、正在加入共享经济的年轻人。

由此可见，与认知制度的冲突，并非是件坏事，反而有可能帮助创业者深度开发共享经济的创业机会。史蒂夫·乔布斯（Steve Jobs）曾说过：“通常情况下，人们并不了解自己需要什么，直到你把产品呈现在他们面前。”相似地，Airbnb 创始人布莱恩·切斯基（Brian Chesky）也认为，“看似不可能的东西不一定真是不可能的，总会有一个创造性的方案可以解决这样的问题。”这些话反映的正是共享经济对认知制度的“破坏”和“重构”，这并不意味着互相伤害，而是在“不打不相识”中实现突破性创新。

与规章制度“为伍”：广泛延揽资源

共享经济中的创业者，也有与制度友好的一面，那就是与制度中的规范“为伍”。共享经济的一个特征是充分发挥社会闲置资源的价值，而对于处在资源约束情境中的创业者而言，广泛延揽共享经济资源的重要途径，就是契合制度当中的社会价值观、信仰和行为准则等规范，通过协同合作来实现资源最大化利用的目标。具体表现在三个方面。

一是契合可持续发展的社会诉求。Union Kitchen 把库房装修成共享厨房兼食品储藏室提供给厨师，让他们每月缴纳很少的费用，就能在这里拥有施展厨艺的地方。Lock8 通过使用智能手机控制自行车的锁，可以随时和身边的人分享虚拟钥匙，从而实现了自行车共享，提高了空闲自行车的利用率。

二是满足社会关系和交往的心理需要。Feastly 将科技、食物和社交结合，不仅让用户共享食物，而且创造条件让人们建立社会联结，从而吸引了众多大厨和“吃货”。Airbnb 除了保证价格低廉的吃住费用，也注意加强房东和游客之间的沟通联系。

三是推崇个人的体验和价值。Taskrabbit 通过“跑腿外包”让别人做自己不愿意做的各种琐事，以提升人们的生活效率和质量。Rover 建立了宠物短期寄养平台，让宠物主可以找到看护员饲养，从而得以自由外出。

对此，eBay 创始人皮埃尔·奥米迪亚（Pierre Omidyar）的一段话，可以进行概括："我们不必刻意制定价值观，我们的社区已经形成了自己的价值观。我们需要与它协调一致，否则就不会有什么作用。"的确，共享原本是传统价值观的一部分，创业者可以借助包括价值观在内的规范制度，去辐射更广泛的人群，从而激活越来越多的闲置资源，同时也为自己开拓更大的市场空间。

与规章制度"共舞"：动态建构合法性

虽然共享经济的安全保障等问题，容易受到法律专家和政府部门的质疑，但是，这并不意味着创业者只能被动地跟从，相反地，创业者可以与法律、规章和政府政策等规章制度"共舞"，在彼此的交互过程中，逐步形成并确定自身的合法性。

在创业者影响规章制度方面，联邦快递（FedEx）算是一个历史范例。公司创业伊始，美国航空法规定新公司只能用小型飞机送货物，而且没有为转运中心提供保障。经过创始人弗雷德·史密斯（Fred Smith）一众近 7 年的努力，《航空货运放松管制法》（又被称为《联邦快递法》）得以通过，公司据此实现了飞越，一个新的行业从此产生。

共享经济的创业者们也在这样努力着。2014 年 10 月，美国旧金山市成为全世界首批承认短租房合法地位的城市之一，而这正是 Airbnb 的核心业务。2015 年 7 月，荷兰经济大臣汉克·坎普（Henk Kamp）表示，将修改法律，出台更多“技术中立”的法规，以推动住宿、交通等领域“共享经济”的发展，让荷兰成为这种创新的第一个受益者。

另外，现行的规章制度也在影响创业者的行动。例如，有些类似于 Airbnb 的创业公司已经采取措施来规避或应对监管政策。2012 年，成立于法国的 Nightswapping，理念是“只提供分享，没人从中赚钱”，如果房主为别人提供免费住宿，那么，他也可以获得世界各地的免费住宿。

在与规章制度的你来我往中“长袖善舞”，当属 Uber 的创始人特拉维斯·克拉尼克（Travis Kalanick）。他说，“知道我背景的人，就知道打官司对我就像回家般熟悉”，而且，他没少抨击过出租车行业和监管机构，但是，曾经给他投资过的著名投资人马克·库班（Mark Cuban）对他的评价，或许点出了解决问题的关键：他只是要战斗，而不是要打赢。

总体而言，创业者可以与制度的认知、规范和规制维度之间，建立不同的对话体系，通过针对性的行动方案，让制度不再是创业路上的拦路虎，而是可以从中开发机会、延揽资源甚至夯实合法性，最终使创业受益。Airbnb 的战略高管奇普·康利（Chip Conley）曾认真地表示，他的目标之一是让公司在未来十年内获得诺贝尔和平奖。不过，Airbnb 是否能够获奖并不重要，因为这家创业公司所代表的共享经济，已经让大众获利，他们正在和将要带来的制度变革和新的社会发展范式，让越来越多的人充满期待。

注：本文原标题：《共享经济：创业者如何与制度动武、为伍和共舞》。
本文主要内容刊发于《中外管理》2015 年第 10 期（标题同本文）。

多彩的第一桶金

问题源起

“第一桶金”作为创业者获取的首笔创业收益，其“颜色”一直黑白莫辨。较为大众熟知的观点是，创业者的“第一桶金”是“灰色的”甚至是“黑色的”，创业者起先都是通过投机倒把或不择手段牟取了“肮脏的第一桶金”。与此类似，一些人发现，不少创业者在对资源环境过度消耗的“褐色经济”领域赚取了早期财富。不过，我们也能看到相反的例子。例如，调查显示风投公司日益青睐绿色创业项目，换言之，越来越多的创业者将要或正在投身绿色产业来收获他们的“绿金”。再如，起源于英国牛津大学并在近十年兴起于美国哈佛大学和麻省理工学院等世界一流高等院校的社会创业教育，培养创业者通过聘用弱势群体、解决他们的就业，并用赚来的钱在补偿基本运营费用后，全部反哺而不是捐给社会，这些创业者用“红心”赢取了他们的“第一桶金”。

那么，是什么让“第一桶金”的颜色如此丰富多样呢？这些现象背后反映出的是创业与伦理二者之间的联系。创业研究的聚焦点是创新、超前行动、风险承担等“创造性破坏”活动，机会导向是其核心。而伦理研究的聚焦点是人们对是非曲直的甄别过程，与道德判断、道德标准和行为准则等道德本质和基础问题联系紧密。创业者具有的伦理特质势必在创业过程中发挥作用，尤其是选择创业机会时，创业者伦理的介入，会影响创业的方向，当创业和伦理这两个具有某种冲突的力量整合在一起时，创业者收获的“第一桶金”，就不再是一个代表财富多少的简单数量概念，而是具有了伦理的温度和色泽。换言之，伦理与创业的交织，形成了“第一桶金”的不同颜色。

不过，在分辨“第一桶金”颜色的同时，还需要解决的问题是，社会更需要何种颜色的“第一桶金”？我们该如何甄选又该如何进行调色？这就意味着，创业者伦理对创业机会选择的影响，不应该是一个顺其自然或放任自流的过程，而需要探寻其规律并提炼出优化这一过程的方法，从而使创业活动不再是单纯赚取个人经济财富的过程，而是有助于为更多人创造新价值的过程。为此，本文立足中国情境，首先梳理了有关创业者伦理与创业机会选择之间关系的理论基础，据此构建了创业者伦理视角下的创业机会选择框架，选取典型创业者“第一桶金”的案例进行分析，通过描述“第一桶金”可能的多种颜色，提炼出符合可持续发展需要的创业机会选择导向，并提出了可能的实现路径。

文献基础与理论框架

创业者伦理

在创业者伦理理论体系中，义利关系是标志伦理原则和物质利益、个体和价值群体价值、动机和效果的一对最为重要的价值范畴。义是处理利益关系的合理性、公正性和正确性，利则代表事实领域的物质利益关系，也暗含价值领域的情感利益和精神利益关系。研究结果表明，创业者伦理的主要表现就是对义利的权衡，创业者面临的独特伦理问题在于创业者个人利益与组织利益的冲突。尤其是与成熟的大企业管理者相比，创业者更关注个人财务收益最大化对他人利益或公平原则的影响。对此，有研究提出创业者更倾向于以牺牲社会和公共产品为代价来抬高社会成本，使自己从中获利，与此相反的观点是，小企业主的社会责任导向相对大公司经理稍高，不过较高的企业社会责任导向主要表现在对经济责任的强调上。

同时，创业者伦理还要面对物本和人本这两个不同的价值观导向。物本和人本的区分是对管理活动对象最一般的设定差异，也是贯穿创业全过程的价值观思考。创业追求的是新价值创造，但是，新价值并不等于经济上的超额利润，创业并非只见物不见人。强调人本导向的研究主张，认为创业者伦理的特质和水平与创业成功密切相关，如强调公平或程序公平的创业者更容易获取投资者的支持，高伦理水平与创办企业的战略能力一样有助于创业者创业成功。关注物本导向的研究则强调创业对经济价值的诉求，例如，这类研究发现创业者具有强烈的价值偏好，这通常会阻止他们充分地考虑伦理问题，创业者自身对经济回报的执着，通常会与员工和组织诉求之间产生偏差。

创业机会

熊彼特主义认为，创业机会本质上是通过创造性地整合资源来满足市场需求并创造价值的可能性。从创业机会的外部表现形式来看，创业机会意味着未明确的市场需求或未得到充分利用的资源或能力，通常是一组有利于创造新产品、新服务或新需求的环境因素。从创业者内在行为的角度来看，创业机会是一些关于创造目前市场所缺乏的物品或服务的创意、信念和行动，从创业机会识别到利用开发以及价值实现是一个动态过程，创业者在其间具有能动性。

因此，当前形成的普遍共识是，创业机会是通过新手段、新目的、新手段—新目的关系的形成，发现和创造新商品、新服务、新市场和新组织方式的一个动态发展过程。在这一过程中，创业者有意识地系统收集、处理并识别信息，从成千上万繁杂的创意中进行选择，不断对机会的潜在预期价值以及创业者的自身能力进行反复的权衡，进而通过主观努力利用和实现创业机会价值。尤其是在当前的效果推理理论视角下，创业机会作为新的“手段—目的”（Means-Ends）关系，不再是事先存在的既定的可能性组合，而是创业者与投入资源的利益相关者们相互作用进行社会建构的结果。在不确定性情境下，与其说创业者是“发现”创业机会，不如说他们是通过一系列创业实践“创造”机会。因此，创业机会的选择是权变的，可以通过创业者采取有意识的行为来进行改变和重塑。

基于创业伦理的创业机会选择框架

创业者通常会在追求个人利益与遵循伦理规范之间陷入两难困境，资源是稀缺的，环境是不确定的，风险难以预测，规则尚未完善，还有时刻存在的竞争压力，因此，伦理是创业内涵的应有之义，创业者伦理嵌入在创业机会选择过程中。根据创业者伦理的基础属性，遵循创业机会的“手段—目的”内涵体系，本文构建了创业者伦理视角下创业机会选择模型（见图 10），以此来分析伦理嵌入下

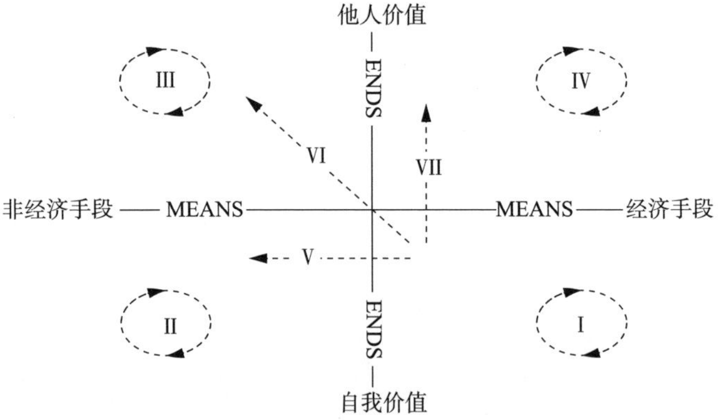

图 10　创业者伦理视角下创业机会选择框架模型

创业者获取“第一桶金”的选择差异，揭示“第一桶金”不同颜色的可能原因，并挖掘出符合可持续发展需要的机

会发展路径。

在图 10 中，横轴和纵轴分别代表着创业机会的手段和目的维度，同时，义和利、物本和人本嵌入了手段和目的当中。具体而言，物本和人本与创业者采取的手段联系密切，因此，图中横轴右端指代的经济手段，代表创业者采取创业手段时倾向于物本导向，而横轴左端指代的经济手段，代表创业者采取创业手段时倾向于人本导向。同时，义和利与创业者追求的目的都是方向性的问题，为此，图中纵轴下端所指代的自我价值，反映了创业者价值诉求中利的属性，即侧重于关注自我利益获取，而上端所指代的他人价值，反映了创业者价值诉求中义的属性，即侧重于关注他人利益的实现。在此基础上，纵、横两轴勾勒出四个不同“手段—目的”关系的象限，伦理嵌入下创业者对创业机会的动态选择在象限内或象限中呈现出不同的路径。如图 10 中Ⅰ至Ⅶ箭头方向所示。

案例分析

如图 10 所示，创业者伦理视角下创业机会选择路径分为两种类型，一是循环型路径（图 10 中Ⅰ至Ⅳ箭头所示），即在相同的“手段—目的”关系情境下进行创业机会的识别和开发，二是发展型路径（图 10 中Ⅴ至Ⅶ箭头所示），即在不同的“手段—目的”关系情境下进行创业机会的识别和开发。结合中国创业者的具体案例，本文对这两类共七种路径进行解析。为了保证案例的真实性和有效性，本文从权威财经媒体对创业者本人的访谈内容中选取资料展开分析。

循环型选择路径

路径Ⅰ代表创业者的“第一桶金”来自于运用经济手段获取自我价值的过程。传统视角下以利润最大化为目标的创业活动，多是创业者在这条路径的选择结果。在这条道路上，可以看到一些暗色的“第一桶金”。奇虎360董事长周鸿祎曾这样回忆自己创业初期的经历。在研究生三年级的寒假，他做过的两个公司都失败了，于是反复掂量下一步是去银行、国企还是到南方淘金。为了有大公司的见识，“不能把自己搞得跟土鳖一样”，他来到了一位师兄所在的方正公司，成为“方正最好的程序员”。他当时的想法“只是希望公司给我点钱，让我再招一些人。干成算公司的，公司看着给我奖励。我需要把这事做成”。于是，他在1998年成立了“3721”网站，销售额在不到四年的时间里达到了2亿元、毛利6000万元，风头一时无两。现在回头看“3721”的失败，周鸿祎认为是自己“忽视了用户的感受，不尊重用户的利益”，急于求成地做了一些不注重用户的事，给用户带来了很多困扰，使自己背负了“流氓软件之父”的恶名。

路径Ⅱ代表创业者主要依靠非经济手段来收获自己的“第一桶金”。当前新兴的生态创业（Eco-preneurship）活动是这条路径的体现之一。生态创业是一种建立在环境创新基础上的具有主动创新性和市场导向性并由个体推动的价值创造形式，或是出于绿色化目的创建环境友好型新企业。国内最具实力的整体节能服务公司——广东慧生能源公司创始人聂民，在一个偶然的机会下接触到节能产业，他当时的“脑子里就灵光一闪，既然问题这么大，节能肯定是未来方向”。于是，聂民义无反顾地走上了节能之路，动用全部积蓄向著名高等学府的顶尖专家学习节能技术，同时运用“免费服务生”模式对几家大酒店进行节能改造，期间有些合作客户找出各种理由拒绝付款，“光这一项损失就达到几千万。”聂民现在拥有发明技能技术专利 60 多项，其中一项专利被国家列入“863 计划”。他说，“这两年初见曙光。所以，更要坚定地走下去。”

路径Ⅲ反映了创业者强调通过实现他人价值、运用非经济手段来收获“第一桶金”。比较典型的做法是非营利组织的创生，这也是社会创业（Social Entrepreneurship）的一种形式。社会创业致力于解决自由市场体系和政府没有解决的社会问题的创业活动，用创业手段解决重要社会问题并坚持不懈地履行自己的社会使命。壹基金的创立源于李连杰对武学真谛“仁爱”的感悟，现在作为中国第一家民间公募基金会，以“尽我所能，人人公益”为愿景，专注于灾害救助、儿童关怀、公益人才培养三大公益领域，致力于搭建专业透明的公益平台，推动公益产业的发展。壹基金提出“1 人 +1 元 + 每 1 个月 =1 个大家庭”的概念，即每人每月最少捐一元，集合每个人的力量让小捐款变成大善款，随时帮助大家庭中需要帮助的人。

路径Ⅳ也反映了创业者对他人价值的关注，但侧重于运用经济手段来赢得“第一桶金”。社会企业是这一创业路径选择的结果载体之一，也是另一种社会创业形式。“多背一公斤”创始人余志海（安猪）平时喜欢旅游，每次旅游都被城乡间教育的巨大差距所震撼。“作为一个普通的个体，我能为乡村的孩子们做些什么呢?”还有支教老师凭着内心“坚持就是胜利”的一点信念在黑暗中摸索、前行和坚持，让安猪想到“城里人到乡村旅游时为什么不可以在自己的背包里多带1公斤的书籍送给乡村的孩子呢”?“如果每个旅游者都这样做，那么世界将变得更美好”。于是，“多背一公斤”诞生了。不过，它摒弃了自上而下的“同情、可怜、给予、救助”等传统的慈善观，主张一种平等交流、快乐行动的价值观。例如，除了依靠社会捐款，还关注通过品牌合作和公益营销来筹款，运用商业手段实现公益目的，不仅让组织“活下来，而且活得很好”。

发展型选择路径

路径Ⅴ表示，在创业机会选择的动态过程中，创业者为了实现自我价值的目的，手段从经济型向非经济型转变。勤上光电是2011年在深交所上市的首家以大功率LED为主营业务的上市公司，不过，这家企业在2004年以前还是一家以生产铁架装饰灯和圣诞灯饰为主的外贸出口企业，曾创下中国同行业销量第一、灯饰领域市场份额80%以上的业绩。后来，敏锐的李旭亮把自身升级与转型的突破口延伸到做大功率LED半导体照明产品，他认为“这代表着绿色环保、节能减排的理念，有着巨大的市场潜力”。2007年，李旭亮与清华大学国家重点实验室等研发机构合作，实现了新产品技术突破，并成为广东省“千里十万盏”、科技部“十城万盏”大功率LED路灯推广示范项目重点实施单位，实现了企业的再次腾飞。

路径Ⅵ意味着创业机会从“经济手段—自我价值”转变为“非经济手段—他人价值”，表现为创业者在新价值创造过程中目标诉求导向和实施手段的双重改变。“中国首善”曹德旺，1983年承包了一家连年亏损的玻璃厂，此后，凭借着灵敏的生意嗅觉和超强的前瞻眼光，他的“福耀玻璃”成为国内首家上市民营企业、第一家同行业上市公司和世界第二大汽车玻璃制造商。2011年，曹德旺“扔掉财富”，捐出了自己家族持有的3亿股福耀股票（当日市值约为35亿元人民币），成立了中国首例股权捐赠的河仁慈善基金会。他认为，作为行业领袖，现在要“为自己与社会创造财富，为世界创造价值和财富”，“二次创业，不为赚钱”。2013年，CCTV年度慈善人物给他的颁奖词为“他的贡献却并非仅仅捐赠巨资，还在于他独特的慈善理念和对中国公益慈善事业所开的先河”。

路径Ⅶ体现在创业者在选择创业机会过程中，持续运用经济手段，对创业机会的选择从为自己获取财富转向实现他人价值的领域。北京姑娘张君茹1989年从大学毕业分配到银行工作，后来，自幼好强的她辞职下海搞起了文化传播公司，做品牌包装、房地产推广、营销策划，从文化公司扩大到制版公司，从印刷公司发展到出版公司。“公司一直在迅速发展，那时真的很开心”。2007年，她担任北京某基金会常务副秘书长期间，萌生了将公益和企业结合起来帮扶残障孩子的想法。2009年，她参加了社会企业家技能培训班，创办了金羽翼残障儿童艺术康复中心。孩子们的画被设计成了明信片、台历进行销售，线上运用了“微博”等新媒体宣传手段并在淘宝网开设了超市，线下主要是企业、单位的集团购买。金羽翼实现了自我造血、可持续发展，成为张君茹后半生“忙碌着、快乐着、幸福着”的事业。

结论与启示

“第一桶金”并不是一个静态的数量概念，不局限于某个绝对时点上创业者的获利大小，而是一个动态的管理过程，代表着创业者在创业过程中通过开拓新事业所收获的价值回报。“第一桶金”所代表的新价值，由于创业者伦理对创业机会选择影响机理的不同，而变得颜色各异。基于“手段—目的”关系所构建的分析框架，可以反映出创业者伦理视角下创业机会选择可能的几条路径，通过立足中国实践的案例分析，进一步发现这些路径呈现循环型和发展型两类，前者更多地表现为一定“手段—目的”关系的周而复始，后者则表现为一种“绿色化”倾向，即从传统的

“经济手段—自我价值”关系，向具有“非经济手段”和（或）“他人价值”的新“手段—目的”关系的演进，揭示出一些创业者在挖掘新一轮“第一桶金”时所共同的可持续发展倾向。表 3 对上述选择路径与“第一桶金”的颜色进行了概括。

表 3　选择路径与“第一桶金”的颜色

路径	“手段—目的”关系	类型	“第一桶金”颜色
Ⅰ	“经济手段—自我价值”	循环型	多种颜色、单一不变 “灰色”“黑色”可能 循环的连续性
Ⅱ	“非经济手段—自我价值”		
Ⅲ	“非经济手段—他人价值”		
Ⅳ	“经济手段—他人价值”		
Ⅴ	“经济手段—自我价值”→ “非经济手段—自我价值”	发展型	多种颜色的绿色演变 发展的可持续性
Ⅵ	“经济手段—自我价值”→ “非经济手段—他人价值”		
Ⅶ	“经济手段—自我价值”→ “经济手段—他人价值”		

研究启示在于以下三个方面：一是创业与伦理融合研究具有重要的理论价值。两者都是影响新组织生成及其成长方向的重要问题。在环境高度不确定、社会规范复杂多变的今天，探寻创业与伦理之间的关系机理，实现更多的创业与更好的伦理之间的平衡，对组织以及社会的发展和创新具有重要意义。二是多彩的“第一桶金”作为一个动

态概念，喻示创业者在瞄准创业机会、开拓新事业时，既可以在某个领域深深扎根，也可以尝试开发更为广阔的领域，尤其是包括社会创业、生态创业等在内的绿色创业领域，值得创业者去探索和挖掘，从而为更多人带来符合可持续发展需要的价值回报。三是制度政策对创业活动的鼓励，不应只关注创业对财富等物质要素的获取或积累，还需要同时兼顾伦理等精神层面的引导或提升，同时，外部环境对创业成果的评价，不仅考查短期的数量方面的指标，还需要权衡长期的质量方面的指标，让创业者伦理对创业机会选择产生主动积极的影响。

后续研究方向可以从以下两个角度展开。一是基于创业者个体特质的影响研究。创业者是伦理载体和实施主体，创业者与非创业者在个体特质上存在的差异，会使创业者在伦理问题的感知和反应上具有独特表现，而目前具有较大范围解释力的实证研究发现依然鲜见。二是基于制度环境的影响研究。创业和伦理问题与社会环境相联系，创业者可以通过摒弃过时的、引领新兴的社会生产方式来积极推动社会进步。伦理嵌入下的创业者如何让自身的目标受到其他人乃至社会的认可，以及运用何种机制实现更广泛社会的变革和福祉，都是有价值的研究命题。

注：本文原标题：《多彩的“第一桶金”：创业者伦理视角下创业机会选择路径研究》。

本文主要内容刊发于《中国科技论坛》2014 年第 7 期。

谋

创业激发的管理权策

如何成为一名有创业激情的CEO

兼职创业：小心“香水有毒”

CEO的败家招数

创业型领导：管理者新角色

如何成为一名有创业激情的 CEO

创业者怎么就不能是大象？创业者拥有改变世界的气魄和能量，与大象高大强壮的形象相匹配。创业者的“破坏性创新”，就好比是能攻能守的象牙，是带来无限价值的秘密武器。创业者离不开团队，而大象也恰巧是群居动物，浩浩荡荡跋涉数百千米的大迁徙，与创业队伍在漫漫长路上的摸爬滚打，都能带给人们心灵的震撼。

可是，一则妇孺皆知的春晚小品，却让大象和冰箱有了不解之缘。那么，创业者的“冰箱”是什么呢？就是企业的 CEO（Chief Executive Officer，首席执行官）职位。CEO 意味着一套治理结构，为创业者明确了行动框架，好比方方正正的冰箱，给自然界驰骋的大象，设定了活动的界限。而且，CEO 作为现代企业制度的载体形式之一，为创业者提供了一种管理情境，就像代表先进技术的冰箱，能够让大象感受到与原始森林不一样的场景。

不幸的是，小品里提到大象进冰箱后出不来了，现实中也有不少成为 CEO 的创业者遭遇到困境。有趣的是，这两件事背后存在着相似的逻辑。现在，就让我们顺着“大象进冰箱”的那些事儿，理一理创业者成为 CEO 的几项须知。

大象为什么进冰箱：创业者的创业想法成为 CEO 的事业章法

创业是创业者将创业想法变为真实产品或服务的过程，其中一个重要的里程碑是新企业的创建。当创业者成为自己创建企业的 CEO 时，他就要运用管理的章法，让新事业得以生存和成长。因此，成为 CEO 的创业者，需要从驾驭创业想法的魔术师，转型为掌控事业章法的工程师，而这并非易事。所以说，CEO 的职位，不是给创业者的名利馈赠，更多的是一份责任和重担，对创业事业的持续发展意义重大。

Twitter 的联合创始人之一杰克·多西（Jack Dorsey）曾在 2006—2008 年担任公司 CEO，后来被董事会赶下了台。2015 年 7 月，一直身为 Twitter 董事长的多西，又开始担任公司的临时 CEO，但是，Twitter 最大的股东却反对多西正式接替，理由是新任 CEO 应该具有营销经验，能够鼓励更多用户加入 Twitter。这位股东的潜台词，其实就是多西这位“改变世界的程序员”并不适合担任 CEO。

其实，多西也知道创业者和 CEO 的不同。他曾说过，传播一种想法最有效的方式就是一种公司结构，Twitter 公司化的过程就像是“昆虫幼虫逐渐长出外骨骼”。但是，他的态度是，自己更愿意把重点放在一个想法上，而不是放在一个商业实体上。多西的这些观点不仅佐证了那位大股东的顾虑，也反映出创业者做 CEO 并不是一件自然而然的事情。

因此，虽然创始人担任企业第一任 CEO 的现象比较普遍，但是，大象是否要进这个冰箱门，不能简单跟风，而需要提前考量好。现实中，谷歌的两位创始人在企业成立初期，外聘了埃里克·施密特（Eric Schmidt）作为谷歌的CEO，直到十年之后，公司创始人之一拉里·佩奇（Larry Page）才接替施密特成为谷歌的 CEO。有人说施密特当年是对谷歌进行“成人监护”，这种说法也表明了 CEO 与事业初成的创业者之间，并非零距离。想要跨越这段距离，就需要创业者认真审视自身的创业精神与 CEO 专业管理之间的差异。

创业领域有一个命题，企业家如何与职业经理人融合？融合的方式并不唯一，既可以通过契约形式达成多人合作，也可以通过学习形式实现个体转型。而创业者做 CEO，意味着要在一个人身上兼顾创业精神和专业管理的双重诉求，因此，给创业者带来的考验是不言而喻的，其难度绝不亚于大象进冰箱带来的冲击力。

大象被谁装进冰箱：资本、团队和制度三双大手

似乎每个人都能说出，把大象装进冰箱，总共需要哪三步，可是，却很少有人问是谁完成了这项艰巨的任务。同样，创业者成为 CEO 的步骤，在形式上并不烦琐，但

是，幕后却有三双大手，发挥了举足轻重的推动作用。

第一步，“把冰箱门打开”的资本大手。创业过程需要资本的注入，各项创业活动得以开展，离不开资本给予的扶持和拉动。新企业的诞生，既标志着创业者的成功，也代表着资本的胜利。正因为如此，创业者的 CEO 之路，通常也是资本大手助推的结果。马克·扎克伯格（Mark Zuckerberg）在 20 岁出头就成为 Facebook 的 CEO，投票代理人和早期风投公司将投票权也交给了他，双重股权结构让他有了掌控公司的护身符。这都是因为投资者相信，Facebook 是扎克伯格自己的产品，于是，他们齐心协力为扎克伯格拉开了“冰箱之门”。

第二步，“把大象装冰箱”的团队大手。不羁的创业者成为平衡的 CEO，不是那么简单，但是，创业团队成员的多样性，为创业者在 CEO 位置上的塑形提供了有效的协助。虽然团队成员的地位会逊色于创始人，但是，异质性团队的及时补位和跟进，会让创业者的 CEO 之路走得更加自如和顺畅。Facebook 的 COO（Chief Operating Officer，首席运营官）谢丽尔·桑德伯格（Sheryl Sandberg）被喻为 Facebook“背后的女人”，比扎克伯格年长 15 岁的她，是公司的“家长”和“保姆”，更是帮公司赚了大钱的 CEO 的好伙伴。正是她和团队成员的大手，用实实在在的业绩，支撑着扎克伯格“稳坐”CEO 的位置。

第三步，“把冰箱门关上”的制度大手。冰箱想要正常运转，不能开着冰箱门。同样，CEO在企业治理中想要发挥作用，也要有其行动边界和准则，而这正是制度的功能。制度用一套规章体系和行为规范，为CEO构筑了行动空间，从而保证整个企业的有序运行。与钟情于想法的多西不同，扎克伯格认为，企业“才是吸引更多的人参与并推动同一项使命的好方法”，他制定了名目繁多的制度来规范各种决策，以抵御可能发生的代理权纠纷和外部收购要约，即便有的机构投资者对此会有意见。但是“没有规矩，不成方圆”，制度的合法性和强制性，为担任CEO的创业者“关好了冰箱门”，为新事业的启动和运转保驾护航。

大象在冰箱做了什么：激情的保鲜VS业绩的保值

冰箱有冷藏和冷冻两个区域，分别发挥着不同的功能。创业者成为CEO后，也有两个管理领域。一是要将创业激情保鲜，继续迸发自己的创业活力，感染更多的人投入到新事业的开拓当中。二是关注工作业绩的保值，满足股东和消费者等利益相关者的需要，最大化地创造财富和公司价值。

激情是创业者投身创业活动的动力源，没有创业激情，很难想象创业者如何应对各种不确定的创业问题。小米的创始人兼CEO雷军不久前说，“创业不是人干的，都是阿猫阿狗干的事情”，“一旦你选择了创业，你就选择了一个无比痛苦的人生”。面对这么多压力、困难、困惑、误解和藐视，创业者很多时候只能从创业激情中找到依靠和支撑。

CEO 的境况则比较“高大上”。先不说这个头衔多么惹眼，单从执掌的权力和周围的拥趸来看，CEO 就要比创业者更加底气十足。不过，CEO 也有创业者不需要承受之重，那就是业绩考核的压力。成功创办亚马逊并担任 CEO 的杰夫·贝索斯（Jeff Bezos），2014 年底不得不就智能机的惨淡销售和季度巨亏做出解释，虽然他个人认为这些都不是大问题，应该放眼于未来，但是，作为 CEO，他必须要重视如何满足各方对公司业绩的预期。

幸运的是，与冰箱的冷藏室和冷冻室分开设计不同，成为 CEO 的创业者，可以不需要在激情和业绩之间做取舍，而是有可能将两个区域打通。长期从事创业激情研究的美国佩斯大学（Pace University）教授麦丽萨·卡丹（Melissa Cardon）提出，20 世纪管理理论过于强调“智人”（Homo Sapiens）假设，认为人都是效用最大化和交易导向的，总是避免情感性因素的干扰，而这与人的社会属性并不一致。她认为，现今的管理应当高度关注人的“七情六欲”，而激情是影响创业和管理行为的一个重要情感要素。

那么，如何成为一个拥有创业激情的 CEO 呢？关键词就是“动起来”。CEO 是治理结构的一个组成部分，但是，这并不意味着当了 CEO 的创业者，从此就束手束脚。相反，CEO 仍需要也依旧可以让思维和行为动起来，避免被冰箱“冻住”。Airbnb 的联合创始人兼 CEO 布莱恩·切斯基（Brian Chesky）就是个闲不住的人。他似乎有用不完的精力，一人囊括了设计、法务、营销、市场、财务、沟通、运营等各种职责，每年还会像徒步旅行家一样，花一定的时间去亲自体验使用 Airbnb 的感受，同时，他还非常注意从其他行业汲取管理智慧。在他看来，“多做”是目前领导公司前进的唯一途径。

《孙子兵法》中提到，“策之而知得失之计，作之而知动静之理”，这里的“策”和“作”，原义针对的是敌人，而对于成为 CEO 的创业者来说，也可以“策”和“作”自己。通过不停地分析和尝试，坚持突破自己，这样才有可能知得失、晓动静，最终获取“制胜之形”。所以，冰箱门虽然关上了，但是，里面的大象却不能闲着，而需要让自己动起来。这样既能够让自己保鲜和保值，也有利于继续推陈出新。

大象如何不缺席动物联欢会：机会——“破一微尘出大千经卷”

当大象进了冰箱，当创业者成为 CEO，故事到这里却出现了意外。“动物园召开全体动物联欢大会，哪个动物没有来?”“大象呗，在冰箱里头关着呐!”宋丹丹讲的这个笑话，对于当了 CEO 的创业者，却是一个并不轻松的话题：成为 CEO 的创业者，如何再出发呢?

我们看到，一些创业者在应对新的创业挑战中败下阵来，从 CEO 职位上黯然离场。例如，雅虎创始人杨致远，曾在 2007 年 6 月出任公司 CEO，但是 2008 年 11 月就辞了职。究其原因，有人说他优柔寡断，也有人说他欠缺管理经验。不管怎样，虽然他是公司的精神领袖，但是却无法带领众人向前冲，成为当年最落魄的 CEO。

当然，还有一些创业者则在 CEO 职位上做得风生水起，用再创业的战绩惊呆了其他创业的小伙伴。如埃隆·马斯克（Elon Musk），创办电子支付平台公司 PayPal 并担任 CEO，之后创办私人火箭公司 SpaceX 和电动车公司 Tesla 并兼任 CEO，目前还在经营太阳能发电公司 SolarCity。他的每次创业都在颠覆传统，就像陆地上最大的动物大象，傲视群雄。

这样一来，大象是否在冰箱里，已经不重要了，重要的是，大象是否能够不受制于冰箱的框架，继续发挥自身强悍的威力。那么，创业者如何才能在 CEO 的职位上再一次起飞呢？

点火的钥匙就是创业机会。创业机会是未被明确的市场需求、没能充分利用的资源，是预期能够产生价值的“目的—手段”新组合。不仅个体创业者可以通过识别和开发机会创办一家新的企业，那些已经成立的企业也依然能够成为机会的探路者，开拓出全新的事业。具有百年历史的 3M 公司之所以能保持基业长青，关键在于持续创新，从而让每位成员的奇思妙想，都有可能转化为满足甚至创造市场需求的新产品。长期从事企业演进研究的美国塔夫茨大学教授阿玛·毕哈德（Amar Bhide）认为，发生在既有企业内部的公司创业行为，相比较个体创业者而言，创造出的价值更为可观。

不过，想要“破一微尘出大千经卷”，还需要创业者回头审视自己成为CEO这一路走过的关卡，重新思考一些起点问题：是否一定要做CEO，还是可以找一个更适合的人选？当年助力的资本、团队和制度大手，现在是否挡住了创新的道路？创业的激情和管理的业绩，未来如何更好地匹配？回答这些问题，有助于创业者理清再一次从0到1的思路。

小结：CEO新义

大象进冰箱，不是一个单程旅行；创业者做CEO，更是一场不断进阶的管理工程。史蒂夫·乔布斯（Steve Jobs）说，如果你出色地完成了某些事，随后就应该再去做些其他更精彩的事情，不要在一件事上驻留太久，一定要思考下一步做些什么。所以，创业者成为CEO，不是一次加冕，而更像是一场再创业的誓师大会。

最后，用表4对创业者成为CEO做一个概括。从CEO的新义解析中，我们能够发现，在冰箱门为大象一关一开之间，在创业者对机会的创造之路上，CEO不再是一个简单的管理称谓，而是一个充满了丰富而独特创业寓意的动态过程。

表 4　CEO 新义

视角	解析
CEO 的字面含义	Chief Executive Officer
CEO 的“大象进冰箱”释义	Close Elephant Open
CEO 的“创造创业机会”释义	Create Entrepreneurial Opportunity

注：本文原标题：《创业者成为 CEO：须知“大象进冰箱”那些事儿》。
本文主要内容刊发于《中欧商业评论》2015 年 6 月微信公众号（标题同本文）。

兼职创业：小心“香水有毒”

兼职创业的现象由来已久。历史上比较成功的兼职创业者，当属孔子的学生子贡。他是“孔门十哲”之一，但还经商于曹国和鲁国两国之间，成为孔子弟子中的首富。神话传说里的孙悟空也算一个代表，身为花果山美猴王，加盟西天取经创业团队并担当重任，最终修成正果成为斗战胜佛。不过，这些看上去完美的兼职创业故事的背后，还有一些细节不容忽视，如子贡，他“富至千金”的目的，实则是为本职的教育和政治事业提供条件和支持。再如孙悟空，取经路上多次跑回花果山、N 次提出要回花果山，如果没有紧箍咒和菩萨相助，团队后果难以想象。

所以，在当前大众创业的时代洪流中，当越来越多的人打算或已经开始兼职创业的征程时，就需要好好审视这个看似两全其美的安排，是否真的能够鱼和熊掌兼得。可以说，兼职创业很像一款诱人心魄的香水，散发着“工作创业两不误”的香气，但是，香水中的成分是否包含有害化学物质、制作流程是否达标规范，单靠眼睛和鼻子是很难判别的。这就需要兼职创业者了解和认识“香水可能有毒”的地方，从而能够更理性地选择和谋划自己的创业道路。

兼职创业“中毒”症状

本职工作很受伤

兼职创业意味着创业者要在本职工作之外进行自主创业，因此，这种活动对本职工作的冲击是不言而喻的。相关法律规定，全日制工作制不能建立双重劳动关系，只有非全日制才可以建立多个劳动关系。同时，一些企业的雇佣合同，都对兼职创业“亮了红灯”。尤其是在人力资源管理领域，这种行为被视为朝向组织的反生产工作行为（CWB-O），实质是一个盗取组织时间资源的“时间大盗”。2014 年 12 月，网易发表声明称，陌陌公司创始人唐岩自 2003 年 12 月—2011 年 9 月在网易工作，2011 年 7 月，唐岩擅自在外开设陌陌公司谋取私利，“其行为违反了《劳动合同》，也严重违背了职业道德”。虽然有人揣测这个声明与陌陌将要赴美上市有关，但是，兼职创业对本职工作可能带来的不利影响，于法于德都是显而易见的。

即便抛开上述约束，兼职创业者要想保证本职工作不受干扰，也绝非易事。英国卡迪夫城市大学尼克·坡海姆（Nick Perham）博士的一项研究发现，环境中的音乐和不断变化的声音，会让学习中的人表现较差，如会降低人们复述（试验中测试的）内容的能力。由此可见，当兼职创业成为本职工作的一种情境时，那么，兼职创业者也很难保证高质量地“复述”本职工作。也许有人善于驾驭多任务，但是，任务切换的过程需要消耗能量，同样会减慢任务处理的进程。更为关键的是，每个人拥有的时间是固定的，虽然一个人在业余时间可以进行具体的兼职创业活动，但是，在本职工作时间里，他不可避免地会思考甚至从事兼职创业的业务。因此，如果兼职创业者想要同时维持甚至提升自己本职工作的水平，堪比“蜀道难”，而本职工作滑坡的情况倒是不难发生。

角色精分比较烦

用“精分”这个网络用语，来形容兼职创业者可能面对的角色冲突及其破坏力，真是再恰当不过了。兼职创业，让一个人的社会行为拥有了更多的角色，多重角色诉求的交织，极易使兼职创业者陷入焦灼的状态。《福布斯》杂志2014 年 7 月发表了一篇名为《不要放弃你的本职工作：如何成为一名成功的兼职创业者》的文章，文中介绍了一位兼职网络创业的英国律师，她如此描述自己的生活：“每天都是一个巨大的挑战。我有两个还未上小学的孩子，我的工作是律师，另外我也是两家公司的联合创始人。难在如何不让其中的一件事对另一件事产生负面影响。我很善于表现出一个冷静、有条不紊的假象，但在这个假象的背后，却是一场充满纸尿片、法庭文件、产品原型和应用程序下载分析的暴风雨！而且，我的饮食毫无规律可言。”

不过，让这种冲突升级的关键原因，还不在于角色数量的增加，而在于创业者社会角色的独特性。创业者的英文单词 Entrepreneur 来自法语，最早被 18 世纪初的法国经济学家理查德·坎蒂隆用来表示“承担风险的人”，后来，被另一位法国经济学巨匠让·巴蒂斯特·萨伊界定为“做规划的人”。时至今日，虽然创业的定义在变化，但是，创新、风险承担、超前行动始终是创业者行为的重要属性。而且，创业者的角色与一般管理者或职业经理人也不相同，后者侧重于经营性活动，按照程序和制度开展工作，与创业者的开拓性特征差异明显。因此，兼职创业不同于一般的兼职活动，会带来创业者与不同角色之间的反差和碰撞，常常挑战一个人已有的思维逻辑和行为范式，这就可能导致兼职创业者陷入一种混乱的状态。

创业决策跟不上

创业决策是决定创业成败的重要环节，由于兼职创业对创业者认知可能产生的不利影响，造成兼职创业者在决策节奏和质量上容易出现问题。创业的情境充满了不确定性，而且难以预测，创业机会转瞬即逝，这些已经对创业者认知能力提出了巨大挑战，而兼职创业则会进一步将这种态势加剧，使创业者陷入决策超负荷的局面。2014 年，美国威斯康星大学的两位学者约瑟夫·艾菲（Joseph Raffiee）和冯洁（Jie Feng）分析了“美国国家青年长期追踪调查（NLSY）”的数据发现，创业者认知能力会随兼职创业时间而变化，无论个体认知初始水平的高低，兼职创业持续的时间越长，创业者认知能力产生副作用的可能性就越大，从而影响创业的存活率。2015 年，瑞典学者卡琳·诺德斯特龙（Carin Nordstrom）和萨拉·陶格瑞（Sara Thorgren）基于选择超负荷理论的研究也表明，兼职创业可能造成创业意愿减退和团队凝聚力下降，对创业的持续发展不利。

在 2014 年的中关村天使成长营开营典礼上，有投资人提出了“一切兼职创业都是要流氓”的口号，原因之一也在于“牵扯”中的兼职创业者难以应对创业的高风险，而且无法保持团队的稳定性。当然，也有个别歪打正着的“幸运儿”。俞敏洪在北大当老师时兼职创业，受了学校的处分而选择离开。他后来回忆说，“北大踹了我一脚，当时我充满了怨恨，现在却充满了感激”“如果一直混下去，我现在可能是北大英语系的一个副教授”。不论俞敏洪的假设是否成立，但是，当时被踹的一脚，的确帮他做了一个不错的决策，如果继续兼职做下去，也很有可能像他说的，是在“混下去”。可是，“临门一脚”的关键决策，无法指望上天的眷顾，还是需要创业者自己去应对，这时候，兼职创业的情境会极大地考验创业者的判断力。

兼职创业的“解毒”药引

兼职创业的建构地图：PLAT 模型

通过上面的分析可以看出，兼职创业容易出现的三个问题，主要涉及本职工作、创业者和创业活动三个要素。巧合的是，一款香水的主要成分也有三种：水、酒精和香精。对比发现，兼职创业三要素与香水三成分具有异曲同工之处。本职工作好比水，水的存在可以缓和刺激，也有助于香气挥发得更好；而本职工作的存在，被众多兼职创业者视为对创业风险的缓冲，同时还能从中积累对创业有价值的经验。创业者角色好比酒精，酒精在香水中的含量占75%～80%，它的作用是作为溶解香精的溶剂，同时也可以灭菌和促进血液循环；而兼职创业者的作用，也正是将创业与职业进行融合，作为主体力量的创业者，如何发挥自己的角色，影响着兼职创业的成败得失。创业活动好比香精，香精是香水的重要成分，由数十种甚至上百种香料构成，决定了香水散发的气息和拥有的品质；创业活动也正是兼职创业吸引力的源头所在，包括千头万绪和让人殚精竭虑的细节，最终通过整合资源来实现创新价值。

那么，为了预防兼职创业带来的消极影响，或许可以从香水制造过程中获取灵感。避免香水有毒并提升香水品质，除了要保证原材料的货真价实，还要在预处理、混合、醇化和冷冻等工艺环节上下足功夫。同样，解决兼职创业的问题，不能仅关注本职工作、创业者或创业活动某一个要素，还需要从动态的视角，挖掘这三个要素之间的作用与联系。不过，兼职创业与制作香水的单向流程不同，它是一个基于多要素互动的社会建构过程，因此，防止兼职创业“中毒”的重点，还需在梳理三要素关系的基础上，提炼彼此之间的建构机制，从而为打开兼职创业的症结提供解决思路。为此，本文进一步提炼了反映兼职创业建构过程的“地图”，即 PLAT 模型，明确了驱动多要素和多环节动态发展的核心力量——激情（Passion，P），以及将三个要素彼此相连的三个关键环节——学习（Learning，L）、定位（Aiming，A）和时机（Timing，T），如图 11 所示。

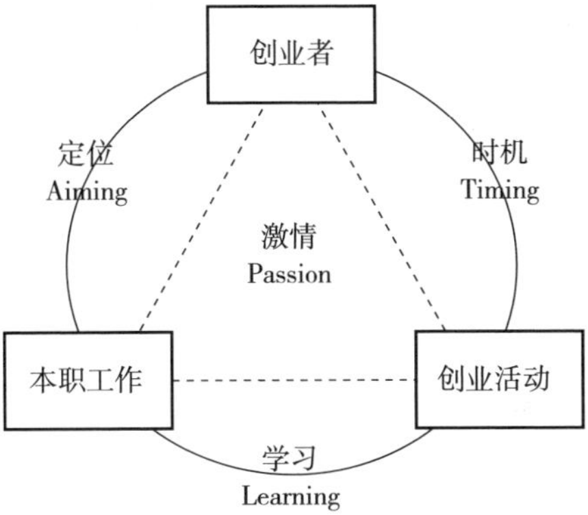

图 11　兼职创业建构地图：PLAT 模型

激情（Passion）是引擎

驱动兼职创业的引擎来自于创业激情，不论兼职创业的动机是为了获取财务收益还是追求自我实现。美国佩斯大学教授麦丽萨·卡顿（Melissa Cardon）长期从事创业激情研究，她在 2009 年的一项研究中提出，虽然组织理论倾向于消除情感的干扰，但是，现实中许多创业者都在“感情用事”，如他们都爱形容自己创业就像是“养育一个孩子”，“创业激情不是传说，是深深扎根在创业传统和实践当中的情感力量”。这个规律对兼职创业者同样有效。1992 年，还在大学教书的马云跟同事一起成立了海博翻译社，创业伙伴张红女士回忆当时的马云说：“大家都不看好，而且一开始也不赚钱，但马云坚持下来了，没有放弃。他说的话会让你振奋，没有希望的东西在他看来也充满生机，他能带给他身边的人生活的激情。”可见，保持和发挥激情的驱动作用，不仅有助于兼职创业者开启新的事业，也可以构建愿景、凝聚团队。如果没有创业激情，可能一份有收入的兼职打工就可以打消掉兼职创业的念头。

学习（Learning）是桥梁

学习是让本职工作与兼职创业活动相通的桥梁。学习反映了一个人通过社会互动来建构知识的过程，既包括对社会过程的反思，如回忆、清理、整合和分享，也包括通过已有的知识背景与概括能力，将上述反思结果归纳和“理论化”为新知识的过程。学习型组织理论奠基人彼得·圣吉（Peter Senge）认为，学习是心灵的正向转换，是个人与组织自我再造和保持永续生命力的能力。而且，自觉的、开放的学习，带来的创新效果会更加明显。史蒂夫·乔布斯（Steve Jobs）在惠普工作时创办了苹果，他后来回忆说："我们创立苹果的蓝图就是那年夏天我从惠普学到的。"当年，乔布斯的工作只是负责拧螺丝帽，但他却感觉像进了天堂。乔布斯这样评价惠普公司："惠普绝对是硅谷最基本的 DNA。"这些赞誉反映出的，不仅有乔布斯对原有工作的洞察，还有他对已有知识的提炼。因此，本职也好兼职也罢，都不是在用岗位框定一个人，而是为兼职创业者提供一个吸收和消化各种知识的开放平台。

定位（Aiming）是起点

对自我发展的定位，是兼职创业者处理与本职工作关系的出发点。定位是明确并瞄准目标的行动。"全球第一CEO"杰克·韦尔奇（Jack Welch）在自己最负盛名的著作《赢》的第一章开篇即谈到，"指引你往何处前进"的目标非常关键。而专门为近几年初创公司提供服务的美国 Piqers 公司创始人艾里·梅瑟（Ali Mese）发现，信息爆炸的环境，让创业者容易"分神"，这也成为导致创业失败的致命之处。因此，兼职创业者需要明晰自己的定位并专注于此。星巴克董事长霍华德·舒尔茨（Howard Schultz）在星巴克成立 11 年后跳槽加盟，担任星巴克销售经理，后来因与创始人意见不合，离职创办天天咖啡，但是，当星巴克经营困难准备出售时，舒尔茨又筹资将星巴克收入囊中。他说，把意大利浪漫的浓缩咖啡制作技艺和新鲜烘焙的咖啡豆结合，"才是真正攫取我心灵和想象力的工作"，"如果你倾心投入于自己的工作，或者任何值得为之努力的事业，你就有可能实现在他人看来不可能实现的梦想，生活因此会变得很有意义。”他的这份定力，做大了星巴克，也让不少人误把他当成了星巴克的创始人。看来，除了兼职创业，立足本职创业也是可以瞄准的创业方向之一。

时机（Timing）是爆点

创业时机，是兼职创业者开展创业活动的切入点。选择何时兼职创业、全职创业还是退出创业，都是兼职创业者需要考虑和做出判断的重要问题。全球创业观察（GEM）调查表明，大多数初期创业者在创业的同时还拥有一份基本工作。瑞典学者蒂姆·福塔（Timothy Folta）等人在 2010 年的研究进一步指出，兼职创业者转变为全职创业者的比例远高于由工薪阶层进入自主创业。但是，在 2014 年，《福布斯》杂志撰稿人丹·西蒙（Dan Simon）通过对创业者的访谈发现，“由于不言自明的原因，正当的兼职创业者在世上非常少见。”之所以出现上述有多有少的矛盾观点，深层次的原因在于兼职创业是一种非常态的创业，有时可以成为自主创业的中间态，而有时只是一个备选态。因此，时机的选择，成为创业者制定有效决策的核心。杰夫·贝佐斯（Jeff Bezos）创办亚马逊的想法，诞生于他与当时所服务公司创始人之间的讨论，“网罗天下所有商品的店铺”是他们二人的共识。但是，贝佐斯放弃了原公司的挽留，全力以赴抓住了互联网卖书的难得机遇，用自己的新企业战胜了与自己竞争的原公司。

兼职创业何去何从

上述 PLAT 模型，并不是在为兼职创业点赞或找借口，而是通过理清兼职创业的建构地图，为将要和正在兼职创业的人们提供一个思路参考，甚至还可以给兼职创业者的老板们一些启发。毕竟这款香水诱人，即使香味终将挥发，但是，还是希望它不要有毒，而是能够健康地愉悦周围人的身心。那么，也具有“挥发性”的非常态的兼职创业，将会何去何从呢？

著名香水品牌 Calvin Klein 曾推出最成功的一款不分年龄和性别的中性香水 CK Be，这款产品的系列广告语，或许为上述问题提供了答案：“是好还是坏，是热情还是冷酷，只要做你自己就好”（Be Good，Be Bad. Be Hot，Be Cool. Just Be Yourself）。“做你自己”，对于兼职创业者而言，就是做一位具有创业思维和能力的人。这与是否兼职还是辞职，并不矛盾。

为此，就需要在最后给创业下个定义。率先开始创业教育并连续数十年名列全球创业教育前茅的美国百森商学院，在其官网专门开设了一个“为创业下定义”栏目，在开篇位置用这样一段话来描述创业：“世界现在需要的，就是创业现在能做的。创业是变革的引擎，帮助人们开拓视野、创造可能性、独特地思考，从而使整个世界变得更加美好和精彩。”网站的栏目中列示了每位参与下定义的百森师生给出的答案，并且一直更新着内容。但是，这并不表明创业是一个没有标准的概念。

百森商学院为这个栏目，提炼了几个关键词：行动、永续、即刻、开放、合作、愿景、转型和自我。这些关键词就像上好的香料，会让创业者的成长之路充满芬芳。

注：本文原标题：《兼职创业：小心“香水有毒”》。
本文主要内容刊发于《清华管理评论》2016 年第 4 期（标题同本文）。

CEO 的败家招数

由于败家而离职的 CEO，这些年并不在少数，而且，他们的招数还各有特点，对公司带来的损害也表现在方方面面。套用列夫·托尔斯泰的名言，幸福的公司都是相似的，不幸的公司各有各的不幸。以下总结了那些前任 CEO 们常见的 10 种败家招数及其后果，期望能在不幸的故事中，为正在路上的管理者持好家、让自己和公司幸福，提供一些启发。

不善权衡，致利润蹭蹭下滑

利润是最诱惑企业的目标之一，可惜，总是有 CEO 在利润方面不给力。2014 年 8 月，《愤怒的小鸟》开发商 Rovio 游戏公司宣布，CEO 米卡尔·赫德（Mikael Hed）将离职，明年 1 月 1 日起生效。在这之前的一年，由于难以保留住玩家和营收下滑，Rovio 的利润下降了一半。有人说他就是一个程序员，无法驾驭所面对的管理环境。目前，负责动画电影的赫德，之前一直期望 Rovio 能够突破小鸟的阴影，成为像迪士尼一样的娱乐帝国，不过，他可能的确不擅长管理人的艺术。沃特·迪士尼（Walter Disney）说，你可以梦想、创作、设计和建造世界上最奇妙的地方，但是，这些梦想都需要人的努力才能成真。所以，赫德的败家并不是因为挥霍无度，而是因为欠缺建设家园所需要的组织和架构能力。

专注押宝，致股价跌跌不休

股价是公司发展的“晴雨表”，起起落落牵动着所有利益相关者的心。黑莓前任 CEO 托尔斯滕·海因斯（Thorsten Heins），却在 2013 年让公司股价急挫 56%，疯狂挑战了股东们的心脏承受力。难怪很多人听说要给予他 2200 万美元的离职补偿后大为恼火。不过，海因斯还是真心想用自己的全新操作系统黑莓 10 来打个翻身仗。在他上任的首次电话会议上，暗示公司并不需要转型专家，而是自己亲任了公司内外的黑莓新方案形象大使，口号是“我们需要一个一个地赢回顾客”。只是，维系黑莓命运的新品发布没能赢过苹果的 iOS 及谷歌的安卓。他的败家，缘于这次押宝，不仅没能让公司进入主流，反而从此被边缘化。创业不是赌博，而是一场有计划地探索和冒险，需要的不是押注成功的运气，而是基于现状的迭代式变革。

固步传统，致市场节节败退

市场是块蛋糕，不论是分蛋糕还是做蛋糕，每一家企业都希望自己的市场空间越来越大，只是，巨无霸汉堡的掌门人，麦当劳前任 CEO 丹·汤姆逊（Don Thompson）却让麦当劳大叔的市场拱手让人。2015 年初，汤姆逊宣布即将离职，同时他还表示，麦当劳在美国市场的销售量和占有率已不如其对手奶昔小站（Shake Shack）和五代同糖（Five Guys），前者是成立于 2000 年的“汉堡界特斯拉”，后者则有“高级版麦当劳”的雅号。英国《金融时报》认为，麦当劳没能应对近年来餐饮业发生的根本变化。这不禁让人想起了福特汽车创始人亨利·福特的名言：“我只要福特黑色 T 型车。”在如今千变万化的时代，天天抱着老照片，也是一种败家的做法。就像统计数据告诉我们的，麦当劳的年轻人市场萎缩最为明显。那么，如何在过去的成功经验里再出发，继续引领新潮流，真是需要 CEO 好好琢磨和突破。

认识模糊，致用户纷纷流失

顾客就是上帝，尤其对互联网公司来说，拥有活跃用户的数量，就像游戏里的血值，能让公司满血复活，也能使公司因掉血而衰亡。2015 年 6 月宣布将要辞职的推特 CEO 迪克·科斯特罗（Dick Costolo），饱受攻击的主要原因就是用户基数一直停滞不前，2014 年是公司用户增加幅度最小的一年，目前，数量只是 Facebook 的 1/5。虽然推特后来声明公司营运策略不会因此有任何改变，而且并非由于营运绩效不良而更换 CEO，但是，美国《财富》杂志对此的评论，或许透露出 CEO 败家的关键，“推特高管中还没有哪位对产品本身有着扎实的认识，这是最大的命门，尤其是对推特这样用户数量高于一切的产品；没有哪位能对产品本身拿出一个清晰、一贯、有说服力的规划。”CEO都看不清路，也难怪公司会栽大跟头。

偏执己见，致员工惶惶不安

稻盛和夫认为，在员工、顾客和股东三个要素里，员工是管理者第一要关注的重点。虽然这不是标准答案，但是，没有哪一位 CEO 会轻视员工在企业中的关键地位。不过，美国青少年服饰百年老店 A&F（Abercrombie & Fitch）的前任 CEO 迈克·杰弗里斯（Mike Jeffries），却做得挺自我。他为员工制定了一套非常严格详尽的规矩，三四十页的手册中，对员工的胡子、指甲、衬衫、短裤、人字拖和香水品牌等都做了明确规定。一位原 A&F 业务高管说，与迈克有不同的想法不会有好结果。CEO 的严格不是问题，问题是这能否带来好的响应。A&F 近两年来关闭了数百家门店的败家业绩，让原本提心吊胆的员工，更加担忧未来。2014 年 12 月，杰弗里斯宣布离任，公司股价随即上涨，“涨”声的背后说不定也有员工的掌声。

反应迟缓，致创新寥寥可数

当今动态不确定环境下与管理有关的流行词，大多都与速度和创新有关。2015 年 6 月初，曾发明造就谷歌成功商业模式的硅谷著名 IdeaLab 创始人比尔·格罗斯（Bill Gross），在 TED 演讲中发布了他的调研发现，公司成功最关键的要素是时机（占据42%），而时机正是时间的艺术。不过，在微软工作了三十余年的前任CEO史蒂夫·鲍尔默（Steve Ballmer），在时机把握方面，却反应迟缓。《华尔街日报》曾报道过这样一次对话，2013年初，鲍尔默开会试图向董事会讲出他抗击苹果和谷歌操作系统的计划，却被董事约翰·汤普森（John Thompson）打断，"嘿，伙计，抓紧时间行动，我们正处于假死状态。"同年8月，鲍尔默宣布即将退休。十余年的时间，鲍尔默的败家结果是，微软股价跌幅超过40%，同时，他还被冠以"胆小如鼠"的创新形象。CEO可以是慢性子，但创新的行动力，半拍都慢不得。

短期考虑，致成长踌躇不前

必须承认，一些CEO在很多时候，其实扮演的是职业经理人的角色，而非创业领导者的角色。两者之间的关键差别在于，后者强调从动态不确定的环境中，识别和把握机会，并且带领公司实现创新型成长。2014年，柳传志在谈及联想2009年的换帅风波时说，金融危机只是亏损的导火索，真正的炸药桶是管理方面出现了问题。CEO杨元庆在当时做过解释，其前任CEO威廉·阿梅里奥（William Amelio）下课的主要原因是"他太'职业经理人'了，而不是把自己当作企业的主人来经营"，他只是在运营联想，而不是考虑发展联想；只考虑短期业绩和现成的业务，对于如何开疆拓土的战略性业务，没有太大的兴趣，或者稍微遇到挫折就后撤。当时联想连续亏损，眼看就要到悬崖边缘。由此可见，短视也可以败家，眼前赚的小钱，可能搭进去的是公司的未来。创业型领导关注愿景，而愿景意味着公司将要走一段很长的路。

不谙水土，致文化格格不入

CEO 也有不少是空降到公司的。虽然这样可以为公司发展带来新思路，但是，也对 CEO 及时融入公司长期形成的文化土壤提出了挑战。如果 CEO 无法与公司文化产生足够的化学反应，那么，CEO 大刀阔斧的改革动作之后，有可能会让公司变得一团糟。美国传奇百货品牌彭尼公司前任 CEO 罗恩·约翰逊（Ron Johnson）就是搞砸了的“空降兵”。他曾在苹果帮助建立了经销店网络，2011 年大张旗鼓地加盟彭尼，誓言要为彭尼逆天改命。他一上任，就立即改变购物体验，取消折扣促销，树立高档形象，推出新公司标志和广告来吸引顾客，结果疏远了现有的客户，又没能吸引新的客户。而且，他上任后，并没有搬到位于得克萨斯州的彭尼总部工作，而是在加州的家里与公司之间通勤。不到两年的任期内，他让原本盈利的公司亏损，自己诸多格格不入的做法，让周围人失去了耐心，最终黯然收场。可见，不做试验、不去探路的天马行空式的改革，也是种败家。尤其是空降 CEO，只有服水土、耕田地，才能有好收成。

利益冲突，致公私重重矛盾

CEO 是公司的管家，负责的是整个公司的运营，对整个公司的贡献是其业绩的衡量标准，因此，公司集体利益是 CEO 职位一切行动的出发点，这也就意味着，CEO 个人需要在自己的利益和公司的利益之间寻求一个契合点，以避免冲突的发生。美国切萨皮克能源公司前任 CEO 奥布里・麦克兰登（Aubrey McClendon）擅长金融工程学，可是，他却没能计算好公私利益之间的关系。2012 年，他辞去了这家世界 500 强公司的 CEO，原因在于：几家大型银行向他个人贷款，据此从公司拿得了获利丰厚的业务；他个人向公司的出资机构借来巨款私用；他个人秘密经营着一家规模达数亿美元的对冲基金，而交易的标的却是与公司具有直接利益冲突的石油和天然气。类似做法激怒股东起诉了他，即便他对公司还发挥着积极的作用。公私不分的败家行为，除了依靠规章制度的约束和治理，更需要 CEO 清醒认识自身角色的红线和边界。

作风不当，致声誉岌岌可危

如何处理工作和生活的平衡，对身肩重任的 CEO 而言，已非易事，可是，却还是有一些 CEO，置工作和生活的责任于不顾，制造出意外的“桃色新闻”让自己走人，也给公司声誉带来了冲击。2012 年，百思买 52 岁的 CEO

布莱恩·邓恩（Brian Dunn）辞职，原因是他与当年29岁的女下属发生了不正当关系的丑闻被曝光。虽然他们两人都对这种关系表示否认，但是，审计委员会发现，邓恩曾给女下属7场音乐会和体育赛事的门票，而且，在一次出差不在办公室的9天时间内，与女下属通话达224次。随后，百思买创始人兼董事会主席理查德·舒泽（Richard Schulze）也因向董事会隐瞒了二人的关系而宣布辞职。这种败家，给CEO带来的不仅仅是离职，还有可能意味着职业生涯到此结束，可以说，既伤了自己的小家，更伤了公司的大家。只要是家都讲感情，如此伤感情的做法，怕是败家招数中最令人痛心的。

败家的前任CEO们离开了，可是留下的不幸公司，却不能选择离场，需要新的CEO加入和继续带领公司前行。虽然说你方唱罢，我还可以再登场，但是，CEO的来来回回，对每一个公司，尤其是被CEO伤害过的公司，都不是一件能够轻松面对的事情。不过，也许会有人提出反例，因为一些公司在CEO离职第二天，股价就涨了，如前文介绍的微软、推特和A&F。可是，飞涨的股价想要持续涨下去，需要的还是一个新CEO有效补位和再经营的过程。2014年8月，《今日美国》发布的一个统计显示，大多数公司并没有上述公司那么幸运，在标普500公司中，当年发布更换CEO公告的有41家公司，其公司股价从宣布日开始到7月底，平均涨幅为2.7%，而同一时期标普500指数平均上涨幅度是5%。由此可见，前任 CEO 的败家效应，绝不是一场离职就可以弥补的，新任 CEO 想要扭转颓势，依然是任重道远。

注：本文原标题：《那些前任 CEO 的败家招数：不幸的公司各有各的不幸》。
本文主要内容刊发于《企业管理》2015 年第 8 期（标题同本文）。

创业型领导：管理者新角色

20世纪80年代以来，创业活动已从个体层面拓展到公司层面，创业精神开始成为人们的思维方式和行动指南，创业管理与传统管理呈现出融合的趋势，传统管理的各项职能趋向“创业化”。领导理论作为企业成功的关键要素和管理研究的重点领域，在近期也日益呈现出与创业理论相交叉和融合的趋势，尤其是在高度动荡和变革的环境下，创业型领导成为创业和领导领域的重点。在这一背景下，为了更好地促进企业绩效提升和持续发展，担任领导者的高管团队所面临的主要挑战就是调动与组织各方面的资源和能力去创造条件来促进创业，需要运用不同于传统领导方式的创业型领导来处理高度动荡和不确定性环境所产生的新问题。但是，对高管团队在公司创业中的这一创业型领导过程进行系统分析的研究成果还非常有限。因此，本文基于创业和领导理论的交叉融合，重新审视了创业型领导的内涵特征，并分析梳理出高管团队对公司创业的领导模型。

创业和领导：理论交叉与融合

创业一直以来就被视作一个地区乃至一个国家发展的主要推动力量，同时也是现有企业在激烈竞争中保持快速成长的重要因素。具有创业导向的企业能够有效地把一个稍纵即逝的机会转变为持续价值创新的平台，可以在新兴的产品或市场中获取先行者快速行动的优势，并通过不断地调整自身能力面对各种突如其来的竞争，实现组织转变和革新，从而提升企业长期发展的实力。因此，创业对企业绩效的提升和成长发展至关重要。

创业研究文献表明，至少有以下四个条件会促进创业：一是创业愿景的构建和沟通，高管人员在其中发挥着重要的引航作用。二是对创新的培养和支持过程，如产品设计、开发和商业化的快速反应系统或是鼓励推出新产品和新事业的创新机制。三是为创业活动提供充足的资源保障和专家支持，包括企业通过参与式决策和透明化沟通确保组织对变革的敏感度。四是具备有利于持续探索和更新观念的能力，如通过鼓励下属不断地试错来增加员工参与度和信息渠道多元化，增强了企业对模糊性问题的分辨能力。

可以看出，以上四个条件的实现都需要企业领导者具备持续发现和运用竞争机会的能力，领导者在创业活动中发挥着重要作用。而且，在最近几年的领导研究成果中，创业的地位也日益凸显，不断涌现出与上文所述创业背景相一致的情况，即强调在快速变化和高不确定性环境下实现持续创新和变革的领导，并形成了三个具有代表性的观点。一是变革型领导观点，推翻了传统交易型领导理论对领导者的工具性假设，强调领导的鼓舞性角色，主张激励下属为满足实现自我、人生价值以及潜在动机的需求而不断提升组织绩效。二是团队导向的领导理论，重视领导者和团队成员之间的互动，尤其强调领导者激发团队成员高参与度的能力。三是价值为本的领导，主张领导者要高度自信地描绘理想愿景或蓝图，设定一套卓越的价值观和行为来强化组织使命，成为跟随者完成使命的榜样。

由此可见，新管理理论不再把将稳定环境下进行竞争分析的传统方法作为重点，而是跳出了传统的计划、组织和控制的局限，把领导重心放在了追求更加灵活和创新、具有创业属性的行为上。无论是激发跟随者的高层次需求来提升绩效，还是重视组织成员的高水平投入和参与，以及把价值创新和创造作为根本，都折射出领导职能的创业化倾向。这些领导行为具有了寻求自我实现、风险承担、价值创新和超前行动等创业维度，反映出创业在企业内部领导过程中的核心地位，尤其是在高度动荡和变革的环境下，当今企业更需要这种不同于传统领导方式的创业型领导来处理新出现的问题，领导者所面临的具有挑战性的任务就是调动组织各方面的资源和能力去实现组织条件来促进创业。

高管团队：公司创业的领导者

公司创业理论认为，创业既可以发生在个体企业家身上，也可以发生在有机组织的各个层面，其最大特点在于创业者和创业团队与现有组织具有密切的相关性，是与某一个现有组织相关的个人或者团队创建新的组织或者在该组织内更新和创新的过程。近 20 年来，公司创业已经成为学术领域一个重要的讨论主题，并对企业经营和管理方式产生了巨大影响。自 20 世纪 80 年代末开始，全球许多著名大公司纷纷开始创业，其共同特点就是采取革命性行动来培育企业的创业精神，恢复小企业般的活力和柔性，增强企业的创新能力。可以说，创业不再是新建小企业的"专利"，现有大公司也需要通过公司创业来进行"创造性的破坏"和新资源的组合，以此应对动态复杂的环境，并推动管理变革。

但是，由于大企业往往难以给创新性想法提供良好的组织环境，大型组织的公司创业通常会以失败告终。这是由于在大型官僚层级组织中，创新性想法通常会被财务控制体系和其他繁文缛节所束缚，传统的领导模式使创业难以与核心事业的发展保持一致，从而影响到新事业的生成和发展壮大。因此，在公司创业的组织背景下，企业依赖科层式组织对抗动荡复杂环境的效果会遇到极大的挑战，组织的扁平化、柔性化、虚拟化，信息技术、流程管理等现代技术与管理手段的运用，以及应对动荡复杂环境的客观要求，都使高管团队在组织运营管理中的核心领导地位日益突出。

无论对何种规模和类型的企业而言，高管团队的有效领导都是公司创业取得成功的关键。Drucker（1999）认为具有适当规模的现有企业之所以最有潜力占据创业主导地位，其主要原因在于它们早已具备了管理能力，建立和形成了相应的管理团队，从而可能使创新程度高（如全新产品的开发、新流程或新进入行为的导入）、投资风险大（相对于企业财务实力）或市场竞争风险大的新事业得以实施并取得成功。

经过学者们多年的理论探索，高管团队在公司创业中的领导地位也在相关研究中占有了一席之地。创业领域的学者们认为高管团队承担风险、进行创新和超前行动的倾向决定了公司创业的导向，而经典的高阶理论模型中也指出产品创新或无关多元化战略选择等公司创业典型活动要受到高管团队特征以及决策过程的影响。在近几年的研究成果中，高管团队在公司创业过程中所发挥的关键领导作用也在实证研究中得到了印证。

因此，高管团队需要对其创新和竞争能力进行重新审视、更新和更替，从而确保政策、分配和流程等领域的变革得到整个组织的认可，这种对新兴事物的接受程度尤为重要，因为他们负责管理从一套经营体系到另一套经营体系的转变过程，如果他们缺少对新事物的认可度，就会威胁到任何组织变革举措的成功。公司创业的根本挑战在于领导者管理新旧之间的冲突以及克服这些冲突对管理所产生的不利影响，高管团队传统的领导模式也应向公司创业所需要的具有创业精神的领导模式转变。

创业型领导：高管团队领导角色的转变

正如前文所述，在全球化新经济环境下，创业有利于夯实各类企业竞争优势和技术进步的基础，无论何种企业都应当追求创业型的领导来实现卓越。在公司创业这一新的组织背景下，融合了领导与创业、公司创业和创业管理等概念的创业型领导概念体系，注重创业的战略属性，通过创业对竞争能力的推动作用来不断创造企业价值。

作为一种独特的领导类型，高管团队创业型领导可被视为在兼顾机会导向和优势导向行为的基础上，影响其他人战略管理资源的能力。高管团队创业型领导的根本任务是描绘未来蓝图，并使组织转变当前的经营体系。其中，构建愿景和创建一支能够实现愿景的支持者队伍这两个任务彼此不可分割，因为缺少具备竞争力和主动性的人员支撑，愿景的描绘也只能是纸上谈兵。如果大型复杂企业的高层管理团队不能事先明确创业活动的内容或是指明方向，就会对创业活动的整体水平和强度产生致命打击。同时，高管团队还需要明确创业活动的最佳领域，保证各层面创业活动不受其他无关因素的干扰，通过长短期的考评体系保证创业承诺。总之，对高管团队而言，公司创业可能并不是一个例行活动或收尾工作，而是应对外部动荡环境的“保险箱”或是解决由成长机会所致内部冲突的“安全带”。

表 5 公司创业中高管团队领导角色的转变

领导领域	传统的领导观点	创业型的新领导
资源能力	保护企业现有资源和能力	强调不囿于现有资源能力的变革
经营过程	企业经营及目标相对不变	定期重新评估企业经营及目标
战略目标	一定要超越竞争对手	追求价值创新组织
结构	保证战略实施最优化	满足战略柔性的需要
市场取向	满足现有客户需求	兼顾无急切需求的有前途创新
创业活动	从企业战略中产生	也可能导致企业战略的变化
组织学习	将知识制度化	将质疑制度化

表 5 是对高管团队领导角色和任务从传统向创业导向转变的比较和描述。就某一具体领导领域而言，保护企业资源稳定，将其与潜在的破坏力量隔绝是传统领导模式对高管团队的高要求，而在企业资源和能力价值会随时变化这一公司创业的基本假设下，高管团队要能够通过持续的改变来满足不断发展的商业环境的需求；在企业经营过程中，传统高管团队的领导要努力使组织保持在他们所设置的一定规范内，而在公司创业则要求高管团队应该善于对企业进行重新定义或再造；在传统竞争理论下，“比竞争对手更好”的领导原则往往由外部因素决定，而公司创业还同时允许价值创新的战略目标随领导者不断重构。同时，

比较传统的领导规则，公司创业要求高管团队的领导要实现组织灵活性、市场进入的超前性以及组织学习的不断更新，因此在诸多方面都要进行创业导向的转变。可以看出，高管团队向创业型领导的转变过程与 Kotter 对管理者和领导者的界定是一致的，即管理者组织人们解决问题，而领导者则时刻准备并帮助组织进行变革。

在以往研究文献的基础上，高管团队的创业型领导可以概括为以下六个维度：①培养创业能力。强调创业和人力资本开发具有同等重要价值的愿景有利于促使人们发展诸如敏捷、创新和战略管理资源的创业能力。②保护对当前经营模式有威胁的创新。有效的创业型领导会与组织成员一起就破坏性创新的潜在收益（如促进新竞争优势的发展等）进行沟通。③重视机会的价值。创业型领导能够与员工充分交流机会的价值以及如何利用机会实现企业和个人目标，促使人们乐于去追寻创业机会并据此发展出独一无二的竞争优势。④敢于挑战主导逻辑。主导逻辑是指领导者将其经营概念化的方法。领导者应该定期评估主导逻辑的潜在假设，对其进行审视和变更，从而通过识别可创造财富的创业机会对企业进行成功定位。⑤对“想当然”的再思考。重新审视和思考关于企业竞争市场的诸多问题非常关键，因为如何回答这些问题往往会影响企业识别何种机会以及怎样管理资源去运用这些机会。⑥融合创业和战略管理。当领导者的创业理念帮助他们构建一种兼顾战略（优势导向）和创业（机会导向）的管理文化时，战略和创业的融合目的就可以实现了。

高管团队对公司创业的领导模型

虽然高管团队在公司创业中的领导地位日益受到关注，但目前文献还没有对这一领导体系进行系统概括。在前期研究的基础上，本文立足创业与领导理论的融合，依据公司创业和高管团队的基本观点，从相关理论和实证研究成果中梳理出高管团队对公司创业的领导模型（见图12）。

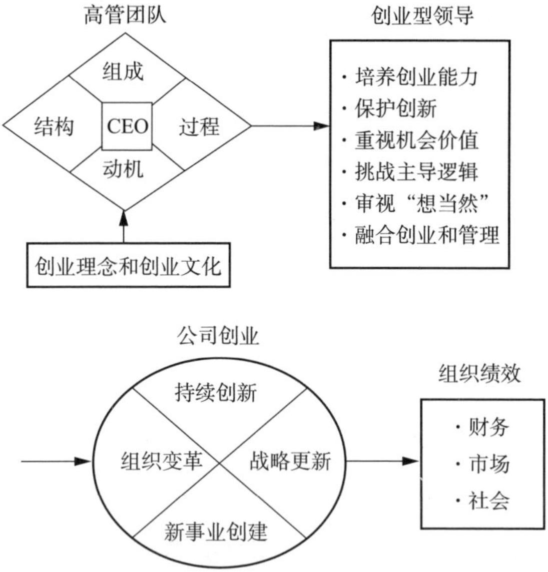

图12　高管团队对公司创业的领导模型

作为领导学、战略管理、公司创业和组织行为等理论研究的重点，高管团队的构成及其管理对组织绩效的影响一直受到关注。但是，以往的研究成果中，高管团队对企业绩效的影响错综复杂甚至相互矛盾，其问题的根源主要在于缺乏对高管团队与绩效关系间中间变量的考察。近年来的研究发现，高管团队人口特征的要素对企业绩效的影响可能并非是简单的直接相关，更有可能受到一些中间变量的调节。以高阶理论为基础进行的一系列理论扩展和经验实证表明，包括公司创业在内的战略选择最有可能成为高管团队和企业绩效之间关键性的中间变量，动荡复杂的环境特征以及随之出现的新组织活动在很大程度上影响着高管团队与企业绩效之间的关系。由此可见，构建高管团队对公司创业的领导模型及分析其与组织绩效的关系在理论上是成立的。

为了保证分析视角能够反映高管团队和公司创业的根本内容和特征，本文分别采纳了各自研究领域经典的分析框架。Hambrick 对大量理论文献进行研究提炼，提出对高管团队的系统分析应当从高管团队组成、结构、过程、动机和 CEO 五个方面入手；Covin 和 Miles 把公司创业分为持续创新、组织变革、战略更新和新事业构建，这已成为研究公司创业的重要分析依据。企业绩效是个多维体系结构，它既可以用财务指标表示，也可以用市场指标表示，主要分为盈利、成长和社会指标。

表 6　高管团队在不同类型公司创业中的作用

公司创业类型	领导重点	领导实施
持续创新	指引认知	对组织现有能力的部署 对组织现有能力的修正
组织变革	指引认知	对组织现有能力的部署 对组织现有能力的修正
战略更新	指引再造	对组织现有能力的部署 确立新事业领域和能力
新事业创建	指引再造	确立新事业领域和能力 部署新事业领域和能力

作为模型的主体，高管团队对公司创业的创业型领导过程已经在前文中进行了论述。需要说明的是，具体到每一个公司创业类型，高管团队的创业型领导作用也是不同的。如表 6 所示，在持续创新中，企业通过引进新产品和把新产品推入新市场来寻求稳步的创新，需要高管团队对企业的现有资源和能力进行安排部署和修正；组织变革的目标是通过调整价值链活动尤其是支持性活动来提高现有战略的有效性，这同样离不开高管团队针对现有组织能力采取分配和安排。在这两个类型的公司创业活动中，指引方向和认知能力是高管团队创业型领导的重点。而战略更新则超越了对组织流程进行修正的层面，是从根本意义上对企业如何竞争进行的再思考，而这需要高管团队对组织能力进行重新定位；新事业构建关注对潜在新市场和新产

品的开发以期获取先行者的优势，这是最具有挑战性的公司创业类型，更离不开创业型领导者确立新事业和重新部署组织能力。因此，在后两个公司创业类型中，高管团队的领导重点在于对创新方向的指引和对组织能力的指引再造方面。

在模型中，创业理念和创业文化作为前因变量会对高管团队进行创业型思考和行动产生非常重大的影响。创业理念是一种成长导向型的愿景体系，是关注和捕捉不确定性收益的思考方式。在不确定性和模糊性的不利条件下，拥有将传统理论精华与快速反应行动融为一体的创业理念可以帮助高管团队从模糊繁杂的环境中发现商机，有利于企业获取竞争优势和创造财富。而在创业文化中，创新性想法和风险性行动受到鼓励，组织学习得到加强，产品、过程和管理创新成为重点，试错和失败也会被宽容与谅解，持续的变革意味着机会的发现和利用，这些都有利于组织获取持久的竞争优势。而且，创业理念和创业文化之间是相互作用的，只有具有创业理念的领导者才有可能建立创业文化。因此，为了实现对公司创业的领导，高管团队需要具备创业理念和营造创业文化来确保创业型领导的成功。

结论

创业是现有企业在激烈竞争中保持快速成长的重要因素，创业的实现和成功需要领导者具备持续发现和运用竞争机会的能力，领导者在创业活动中发挥着重要作用。在高度动荡和不确定的环境下，传统的领导理论和模式受到挑战，领导者不能再根据静态环境特征寻求稳定的角色，而是要不断调整和变更角色来匹配不确定性组织环境的需要，同时还要让跟随者树立摒弃传统守旧、寻求创造性和富有创业精神的意愿。因此，创业和领导理论呈现出融合趋势，领导者需要运用创业型领导对其创新和竞争能力进行审视和更新。

作为与某个现有组织相关的个人或团队创建新的组织，或是在该组织内更新和创新的过程，公司创业对企业经营和管理方式产生着巨大影响，但是传统官僚层级体制下的领导往往难以给创新性想法提供良好的组织环境，导致大型组织的公司创业难以取得成功。因此，作为核心领导力量的高管团队的领导模式需要向公司创业所需要的具有创业精神的领导模式转变。高管团队对公司创业的创业型领导可被视为在兼顾机会导向和优势导向行为的基础上，通过勾画愿景和创建一支实现愿景的支持者队伍提升战略管理资源的能力。在这一领导过程中，创业理念和创业文化作为前因变量会对高管团队的创业型思考和行动产生重大影响。

注：本文原标题：《创业型领导：公司创业中高管团队的新角色》。
本文主要内容刊发于《软科学》2006 年第 3 期。

拓

创业潜藏的管理价值

学者创业：敢问路在何方

促进外国留学生在中国创业的政策建议

绿色创业的冷问热答

间接型学术创业与创业教育

知识溢出与学术创业

学者创业：敢问路在何方

引子

当“鼓励科研人员创办企业”写进了2015年的中国政府工作报告时，牛顿与那棵苹果树的故事又可以演绎出新的版本：牛顿爬上苹果树，像苹果一样落地，亲身体验和展示自己发现的万有引力。虽然这样的情节无法在现实中呈现，但是，学者们投身创业的暗涌已经不可小觑。这股力量正在提醒着人们，无论你是否接受或者认可，创业的学者，已经成为万众创业洪流中独具特色的队伍。而且，他们的创业实践，好比牛顿爬上苹果树的纵身一跃，绝不会是只为了吸引眼球的试验秀，而应该是一场对科学、对社会都具有长远意义的变革。

但是，创业的学者听到的并不都是掌声，相反，质疑甚至反对的声音也不绝于耳。有人担心，秀才难以在书外找得到黄金屋；有人失望，教书匠掉进钱眼里是学问的悲哀；更有人无奈，当“象牙塔”不再时，知识分子不得不到名利场去找回自己。与此同时，在路上的创业学者走得也并不轻松，从苹果树上跳下的牛顿有可能生死未卜，带着学者标签的他们，依然需要像小学生一样，在摸爬滚打中接受教育，即便他们学富五车。不过，有一点毋庸置疑，科研人员创业对推动产业向价值链高端跃升具有重要的意义。因此，有必要理清对学者创业的认识，提炼学者创业的实践路径，从而有助于为学者创业营造良好的环境，提升学者创业的成功率和贡献度。

学者创业：不是老师当老板，而是知识增价值

创业是创业者在不拘泥于现有资源的约束条件下，通过机会开发实现价值创新的过程，包括机会、资源和团队三个核心要素。学者创业的首要特色在于，创业团队的构成是学术知识的拥有者、传授者和创造者，同时，创业机会多源于对学术知识的应用和开发，而创业资源有时被视为学者创业的“短板”，因为学者所在的学术机构，在社会网络方面具有专业性，从而可能导致学者创业资源来源途径的单一性。总体而言，学者创业在团队、机会和资源各方面都具有学术的属性，从而让原本充满商业气息的创业活动，有了书卷气。

在创业研究领域，学术创业是解析学者创业的重要理论。该领域研究认为，按照学术知识生成和应用的两个环节，可以把学者创业分为外向型学术创业和内向型学术创业两种。前者是指学者直接将自己的学术成果转化为产品或服务，并获取新的价值；后者则是指学者通过教学和科研多种活动，间接地服务于学术知识的成果转化和价值实

现。外向型学术创业的经典例证是，美国斯坦福大学的学者创业催生了硅谷的兴起，这也是学术创业概念的提出者、美国凯斯西储大学的斯科特·沙恩教授提出学术创业概念的基础依据。间接型学术创业的经典例证则是，创业型大学的理念和实践，对此，美国斯坦福大学亨利·艾茨柯维茨教授通过构建“大学—政府—产业”三螺旋模型，诠释了大学如何通过创业行为实现知识和科研成果的商业化。

由上可见，学者创业并不等同于学者的职业发生了变化，而是意味着学术注重价值实现的过程。管理大师彼得·德鲁克认为，科学的以及非科学的新知识，是创业机会来源的“超级明星”。因此，学者作为新知识的缔造者，不可能与创业相隔绝，会伴随知识与创业的关系演进，而不同程度地参与创业活动。

学者创业的转型之路

曾经具有老师身份的明星企业家，并不鲜见。他们离开“象牙塔”，在校园外开拓自己的事业，转型成为创业弄潮儿。最广为人知的当属马云和俞敏洪的外语老师背景，在自然科学领域，桑德环保的创始人文一波算是一个代表。他 1989 年研究生毕业于清华大学环境工程专业，然后在环境系任教，1991 年离开清华后，曾任国家化工部高级工程师，1993 年创立北京桑德环保集团并担任董事长和总裁。文一波在创办桑德之前，曾拥有多项国家环保专利，这也成为后来桑德的主营业务方向。他的技术执念，一直伴随着企业的生存，如今桑德已经成为中国最大的民营环保企业。

不过，学者转型创业，并不都是为了赚大钱。2006年，诺贝尔和平奖获得者穆罕默德·尤努斯，当时的身份是格莱珉小额贷款银行的创始人，而在创办格莱珉之前，他曾是美国某大学的经济学教授。他被家乡孟加拉国农村妇女的极度贫困所触动，便运用自己的专业知识，开创了有助于消除贫困的小额贷款模式，探索从社会底层推动经济和社会发展的道路。因此，他也被誉为社会创业者的典型。

学者从大学出走，还需要面临诸多挑战，制度约束、机会损失和社会认可等都是摆在曾经的教书匠面前的难题。马云刚留在杭州师范学院当老师时，学校就要求他工作5年内不能提出辞职，因此，当时他只能做兼职翻译，不能做全职，因为他和老校长的“5年之约”还没有到期。马云后来还说，“跳槽穷半年，改行穷三年”，他的翻译社创办三年后才告别亏损。但是，更大的冲击可能在于，当时“杭州英语最棒”的他，在创业初期一度被很多人视为“骗子”。

学者创业的跨界之路

横跨学界和商界的范例当属陈春花莫属。陈春花集教授、企业家和作家于一身，不仅是华南理工大学工商管理学院的博士生导师，还是新希望六和联席董事长兼CEO，同时，以她自己名字命名的《陈春花管理系列》图书正在热销。2015 年 4 月，她在微信上开了个人公众号“春暖花开”，开始了自媒体平台的探索。但是，她坚持做老师，其他的工作都是兼职。她一直保留在华南理工大学的教职，每个月和她的研究生见面，指导学生的学习和课题研究。在任职的企业里，大家也都按照陈春花的习惯，称她为“陈老师”。擅长企业文化研究的陈春花在公司文化管理中，也善于利用教师式的循循善诱来引导新员工。

因此，跨界的创业学者，需要将自身知识与创业事业进行有效融合，而不单单是找一份兼职。但是，能做到这一点，并非易事。陈春花跨界的代价是，辞掉了华南理工大学工商管理学院副院长的职务，不参加各种论坛、不外出讲课、不做企业咨询项目、不写专栏文章，而把更多精力专注于研究中国本土企业成长路径。在那段时间里，有人甚至“差不多快忘了”陈春花，而她也有点儿佩服自己的“自控力”。不过，持续 20 多年的企业研究不仅成为她拓展管理实践的最重要名片，也为她的教学科研提供了绝佳的素材和根基。

必须承认，并不是每一位跨界的创业学者都能像陈春花一样被誉为“传奇”，公众对他们的认识依然爱恨交织。反对者的理由在于，大学教师兼职创业就是不务正业，兼职会占用时间和精力，无法更好地保证本职教学和科研工作，导致对学生培养的投入不足。支持者的理由在于，大学教育不是死读书，具有一定社会实践经验的教师，有助于提高学生对知识的理解和应用效果。同时，不少人发现大学的绝大部分发明专利，都成了压箱底的沉没成本，因此，一些大学甚至出台政策鼓励大学教师将科研成果通过创业的方式转化应用。

学者创业的合伙之路

学者的智力资本与商人的财务资本联合，像是美丽佳人与成功才俊的结合，也是学者创业的路径之一。最为经典的代表，怕是要追溯到推动工业革命的蒸汽机发明人詹姆斯·瓦特。他的设计让蒸汽能量有效用于工矿和运输业事业，但是，倘若没有当时伯明翰企业家马修·博尔顿的鼎力相助，瓦特的发明就有可能化为泡影。资料显示，博尔顿为瓦特提供了铸造厂设施、筹集了大量投资，才得以让蒸汽机发明经过反复多次的试验最终获得成功。2010年，英国中央银行将两人的肖像印在了新设计的50英镑钞票上，打破了英国钞票只有一人肖像的先例，这也从另一个侧面展示出学者和资本融合的价值创造之道。从这个角度来看，“杂交水稻之父”袁隆平联手资本力量所创办的“隆平高科”，也可以视为合伙型学者创业的范例之一。

合伙的方式，可以发挥学者在自身特质和专业上的优势，而不必非得将“短板”拉长。对于学者的特质，帮助科学家创业的天使投资机构联想之星的教务长周自强认为，“科学家的思维方式是点状的，很容易执拗于一项技术、或者一个参数、一个指标，在这个点上穷追猛打，力求尽善尽美”，而且“四十多岁人的思维、观念已经固化了”，“但是，创业者的思维得是网状的，考虑的是全局”，因此，纯专业的思维方式转向运作企业的思维方式，对学者的能力等都是巨大的挑战，为此，搭建什么样的团队、匹配什么样的资源尤为重要。而这可以通过学者和资本力量的合伙，将技术和商业结合。

但是，这并不意味着学者创业的合伙之路只适用于自然科学领域，社会科学领域的学者同样可以与非学术力量整合并开创新事业。友成企业家扶贫基金会常务副理事长、友成大学（筹）校长汤敏，是经济学家和多所知名大学的研究员，曾发表宏观经济、金融改革和教育改革方面的论文百余篇，但是，在他认为“自己快退休”的2010年，结识了友成，感知到公益领域是一个巨大的发展空间，而且，这个领域亟须具有创新思维和能力的专业人才去开拓，于是他决定加入，投身到社会创业的浪潮中，开创自己的新事业。现在，他作为慕课革命的倡导者和实践者，在众多场合阐述慕课的理念与中国实践，并用自己的亲身试验进行诠释和检验。

学者创业的育人之路

“师者，所以传道授业解惑也。”学者创业也可以把目光聚焦在学生身上。上述的转型、跨界和合伙之路，都是学者面向校园之外开拓创业空间，以应用性的产品或服务为成果，可以被视为外向型学术创业的实现方式。与此同时，还有一些学者着眼于大学教育自身，将创业精神和能力服务于教学和科研活动，通过创新创业人才培养，服务于学术知识的成果转化和价值实现。虽然这种回归教育本源的内向型学术创业并不直接带来应用成果，但是，培育学生的创新创业意识和素质并通过他们创造新价值，也依然具有创业的革命性本质。

“创业教育之父”杰弗里·蒂蒙斯毕生投入创业学的探索和实践。他是全球顶尖创业教育机构美国百森商学院的创业学杰出教授，不仅在创业管理、新企业创建、创业融资和风险投资等方面具有研究专长，而且开发设计了创新性的课程和教学方法，开创了面向创业管理课程教师的创业师资培训项目，构建了整合创业者和富有经验教师共同参与教学和科研的运行机制，这一系列独特的新举措，不仅创造了新的教育模式，受到全世界的认可和效仿，更重要的是，卓有成效地培养了一批批具有创业精神和能力的学生和老师。他在创业教育领域的创新、超前行动、风险开发，就是一种创业行动。正如他所信奉的，“创业不仅仅局限于创建新企业或创造就业岗位，还意味着对个体天赋潜能的创造性开发，对整个人类发展和进步的推动和创新。”

关于中国学者的创业育人实践，南开大学张玉利教授就是一个缩影。他是国内最早识别并开展创业及相关领域教学与科研工作的教师之一。20 世纪 90 年代，根据中国乡镇企业、个体经济和中小企业迅速发展的实际，他调研并设计了一套创业课程，并面向硕士生、博士生和 MBA 学员进行教学探索，同时，整合资源、组建团队，率先成立了创业管理研究中心，与多校合作建立了全国高校创业学科青年教师的交流机制。针对本科生创业教育，突破班级、年级甚至校园边界，开发互联网时代灵活多样的人才培养新模式。这十余年的过程，也是他和团队成员突破资源束缚、识别和开发教育机会并创造教育价值的创业过程。他们虽然没有创办企业，但是，对教育模式的创新、创业人才的塑造，间接创造的价值远不止一家企业。

学者创业之路的两条底线

对学者创业的鼓励，并不意味着毫无原则地“一刀切”，否则，最终有可能造成“学者不学、创业非业”的局面。中国科学院院士施一公近期指出，中国的技术革新和基础研究的创新能力并不强，而大学是科技发展的核心。一味鼓励科学家创办企业，会成为“压死骆驼的最后一根稻草”，而创新人才培养是关键。从他的观点中可以看出，鼓励学者创业，并不是只有创办企业一条路可以走。无论上述哪一条道路，学者创业都要坚守底线，抓住两个核心关键字——“学”和“创”，这样才能有别于一般的创业活动，发挥其长远的价值。

“学”意味着，学者创业不能以牺牲教学科研为代价，要保证创业对人才培养的贡献。这里的人才培养，既包括大学生也包括学者自身。大学是创新创业人才的“孵化器”，教学和科研活动是人才成长的土壤。“现代大学之父”洪堡提出，大学教育应当坚持“大学自治、学术自由、教育与研究相统一”的原则，培养有素质的社会人是重要任务。当代创业型大学理念的倡导者伯顿·克拉克也认为，创业型大学的崛起，带来了人才培养模式的变革，最终还是要通过搭建新平台为培养人才服务。即便是从大学退学的苹果创始人史蒂夫·乔布斯，当回忆起自己在大学学过的课程时，也认为：“当时看起来这些东西在我的生命中，好像都没有什么实际应用的可能。但是十年之后，就不是那样了。”“我在大学的时候，还不可能把从前的点点滴滴串联起来，但是当我十年后回顾这一切的时候，真的豁然开朗了。”因此，无论创业学者走向何方，大学对人才培养的使命和责任都不能动摇，而且，要着眼于长远的发展愿景而非眼前的利益来塑造创新创业的人才。

“创”意味着，学者创业不能以解决生存问题为导向，要保证创业对知识价值的创造。在 2014 年 6 月科技部人才中心和中国科学院大学等主办的科技领导力提升交流活动中，绝大多数参会专家学者都不赞同科学家创业做企业家，甚至有部分专家把干私活、赚小钱比喻成“逼良为娼”，这也反映出当前学者生存生活的现实困境。如果驱使学者创业的动力在于创业可以谋一份营生来养家糊口或生活得体面，那么，这种创业就很难充分利用知识的“含金量”，遑论提升创业的价值创新水平。对美国高科技创新影响最大的是1980年颁布的《贝耶—多尔法》，它被誉为“会下金蛋的鹅”，通过对学术成果所有权、使用权和收益权等的明晰，极大地鼓舞了学者创业，带来了巨大的经济效益，同时也创造出众多的就业岗位实现了社会效益。可以说，该法案聪明地抓住了最有价值的要素——学术成果，以此为核心串起了价值创造的学术网络。

创业领航靠学者还是学术

最近，国务院提出要探索高校、科研院所等事业单位专业技术人员在职创业、离岗创业的有关政策，以保留体制内身份和待遇三年为优惠条件，鼓励他们离岗创业。对此，似乎观望者居多、质疑声不少。那么，学者不去创业，真是因为缺少时间、担心丢饭碗吗？或是还有其他更重要的原因？这就引发了如何更好地驱动学者创业的问题。

一种观点认为，学者是主体，为学者创造条件有助于激励他们创业。柳传志曾经感慨：“科研院所的科技成果靠转化的方式转到企业去，我自己的体会，效果不是很好。最好的方式是给企业输送人才，同时让科研院所有经验的人出来创业创新。”另一种观点认为，学术成果是关键，好的成果有助于实现创业回报。“杂交水稻之父”袁隆平在一次创业竞赛中担任创业导师，他曾这样告诉选手，“从搞科研的角度来说，创业能不能成功，首先取决于选的项目是不是有前途，大方向对不对。”施一公也有类似的主张：“很多成果转化不出来，不是缺乏转化，是没有可以转化的东西。相反，当研究成果有了，自然转化是非常快的，不需要拔苗助长。”

到底是靠学者还是靠学术成果来引领创业，对这个问题的回答，需要回归到创业本质。学者是创业者，学术代表了创业机会，从创业者和创业机会的关系来看，二者之间无法做出孰先孰后的判断，因为创业是创业者与创业机会进行社会建构的动态体系，而非由此及彼的单一流程。创业决策研究的著名学者萨拉斯·萨拉瓦西，曾是诺贝尔经济学奖获得者、决策管理大师赫伯特·西蒙的学生，她认为，创业是创业者在不确定环境嵌入下对机会的动态开发过程，创业者自身的条件是必须要考虑的因素，而如何创造机会也尤为重要。由此可见，创业引航需要的是学者和学术的融合，同时，还需要注意与外部不确定环境的互动。而政府可以做的，是营造一定的制度环境，还要避免所谓的优惠政策所招致的寻租行为。

未来的成功，主要靠创新。从配置效率向创新推动的增长的转变，却要依靠创新型创业者。这是国内最早提出并系统研究企业家理论的学者张维迎，在2014年“企业家精神与中国经济的转型”新书读书会上发布的观点。但是，中国的创业现实并不乐观。近几年的全球创业观察中国报告显示，中国创业者的创业动机仍然是生存型与机会型并重，而且机会型导向的创业比例增长缓慢，同时，中国新创企业在产品创新和工艺创新方面与其他发展中国家相比仍然处于较低水平，这与中国活跃的创业活动水平形成反差。因此，在当前火热的创业大潮中，需要注入学者创业的清流，让知识的力量，创造出更好、更多的新价值。

殊途同归的学者创业

孔子有个得意门生名叫子贡，不仅有干济才，而且善于经商，在学识上被奉为“孔门十哲”之一，在财富上也是富至千金。孔子死后，鲁国政坛巨头之一叔孙武叔想诋毁孔子，说“子贡贤于仲尼”，而子贡知道后用宫墙比喻道，“我的宫墙只有齐肩高，而老师家的宫墙却有几仞高。如果找不到门进去，你就看不见里面的富丽堂皇和建筑的绚丽多姿。能够找到门进去的人并不多。叔孙武叔那么讲，不也是很自然吗”？他坚决地认为，“仲尼不可毁也”。如果说，孔子开创儒家学说、创办私学是一种创业，那么他最有价值的创业是培养了像子贡这样的创业者。因此，无论学者创业之路走向何方，终将殊途同归，用学问创业，将师道相传。

注：本文原标题：《学者创业：敢问路在何方》。
本文主要内容刊发于《清华管理评论》2015 年第 7/8 期（标题同本文）。

促进外国留学生在中国创业的政策建议

中国的外国留学生规模正在日益扩大。2014 年，共有来自 203 个国家和地区的 37.7 万名外国留学人员在中国大陆 775 所高等学校、科研院所和其他教学机构中学习，比 2013 年增长了 5.8%。按照教育部《留学中国计划》的目标，截至 2020 年，接收来华留学生的规模将达到 50 万人。但是，这些外国留学生毕业之后，是否愿意并能够留在中国创业，尚未引起足够的关注。

与此同时，一些国家已经把吸引外国留学生在本国创业，作为一个重要的政策制定方向。2015 年初，美国两位参议员杰瑞·莫兰（Jerry Moran）和马克·沃纳（Mark Warner）再次提出升级版的《创业法案》（*Startup Act*）。这个提案内容几经修改完善，核心要义就是为从美国大学毕业的科技和工程等领域数万名外国留学生，提供“创业者签证”（Entrepreneur Visa）。虽然这项提案要想经过国会最终通过尚需要时间，但是，数年来一直得到社会各界的广泛支持。类似做法在德国和以色列等一些国家，也并不鲜见。

那么，这些国家为什么大力鼓励外国留学生在本国创业？行之有效的政策体系又该如何设计？这两个基本问题，对发挥外国留学生对中国创新创业活动的贡献具有现实意义，同时，对整个经济社会的持续健康发展也具有深远影响。

外国留学生在中国创业的积极作用

提升人力资本质量，激发创业活力

人力资本是一个人所拥有的知识和技能储备，包括综合型人力资本和特定型人力资本两种类型，后者还可以细分为特定企业型、特定行业型和行业相关型人力资本。人力资本水平的高低，与个人和组织在教育培训上的投资直接相关，对创业的成败具有关键影响。外国留学生在留学过程中的投资较高，而且，留学之前也接受了自己国家的教育投入，这些人力资本对留学国而言，都是一笔宝贵的创业财富。

美国的强大就得益于包括外国留学生在内的高质量人才输入。国际教育协会（Institute of International Education）研究表明，外国留学生每年向美国经济贡献逾 270 亿美元。美国考夫曼基金会 2012 年做过统计，如果能为 7.5 万名外国年轻人提供创业签证，他们将会给美国未来十年创造至少 160 万个就业岗位。美国政策国家基金会在 2014 年的一份移民助力美国科研的报告中也提出，外国人“在推动美国科学与工程领域发展的过程中，发挥着日益重要的作用，这种作用反映在他们的得奖、研究、创业和教育方面”。据统计显示，外国人进行创业的人数要比本土美国人高30%，也正是他们创立了“财富500强”中40%的美国企业。

中国是一个人口大国，但是，并不是人力资本强国。这就使高质量创业活动的发生和发展有些后劲不足。全球创业观察（GEM）报告显示，生存导向的创业活动仍然占据中国创业活动的半壁江山，而机会导向的创业活动，则离不开人力资本的支撑。因此，日渐壮大的外国留学生群体，可以为激发中国创业活力，提供人才储备和人力资本的支持。

加快知识转化效率，完善创新体系

知识是创业机会的源头，知识转化意味着显性知识与隐性知识的相互作用，创业可以视为是知识转化的动态更新过程。与可以书面表述的显性知识不同，无法言传的隐性知识，是在做事的行动中才能拥有的，而且，总是依托特定的情境存在，体现为对特定任务的整体把握。外国留学生的隐性知识背景与本国学生差异明显，当他们处于留学国的新情境中时，异质性的隐性知识将会与显性知识碰撞出更多的火花，从而有利于加快知识转化的效率，促进创新想法的产生，带来多样的创业成果。

美国智库加图研究所（Cato Institute）研究员亚历克斯·诺拉斯特（Alex Nowrasteh）发现，就读过美国大学的外国留学生所创建的企业，在硅谷初创企业中占到约五成，其中就包括 Google、Intel 和 eBay 等在内的具有颠覆性创新意义的企业。《洛杉矶时报》曾发文评价，外国留学生在硅谷，能够很快地成为在互联网领域大显身手的优秀人才，并专门提到，率先引导“硅谷”走向电子产业新时代的肖克利半导体实验室创始人威廉·肖克利（William Shockley），也不是美国人，而是出生在伦敦的英国人。

中国创业活动的知识创新水平并不高。虽然中国从 2011 年开始就已经成为全世界专利申请量第一大国，但是，专利申请质量仍处于较低的水平，技术含量和市场价值高的专利少，在关键产业和核心领域的专利占有率低。汤森路透发布的“全球百强创新机构”榜单直到 2014 年，才有一家中国大陆公司（华为）首次上榜。因此，有必要发挥好外国留学生的知识创新作用，通过他们的创业活动推动中国经济在产业链和价值链方面的创新。

推动国际化进程，助力经济转型

在全球化背景下，创业的资源获取渠道和面对的市场空间，不再局限于某个国家范围内，而经常是跨越国与国的边界，呈现出国际化的发展态势。另外，国际化也为创业机会开发提供了契机，近年来新兴的国际创业活动，正在成为区域经济增长的新亮点。外国留学生不仅是教育国际化的载体，其创业活动更可以服务于经济国际化的进程，加之创业所具有的创新、风险承担和超前行动等特点，使得外国留学生创业的作用，超出了地理区域的范畴，成为促进区域经济合作的纽带。

刚刚晋升为全球第三大留学国的德国，一直鼓励外国留学生留在本国工作和创业，这与其全球出口贸易大国的地位关系密切，二者之间形成了相互促进的作用。从 2012 年 8 月开始，德国鼓励具有德国学位或者被德国认可的外国学位的留学生，以找工作的签证留在德国六个月，同时，通过多种途径解决外国留学生居留身份甚至永久居留权的问题。德国有 8% 的创业者非本国人，10% 的外国人成为创业者。过去十多年间，德国本土企业增加了 14.5% ，而外国人成立的企业增加了 75% 。默克尔政府计划，2020 年德国的外国留学生人数要达到 35 万。

中国的最大贸易顺差国地位，在 2014 年被德国取代，但是，中国贸易竞争力长期来自低端加工和货物贸易的成本优势，而德国则在汽车、机械、电子等高端技术型贸易方面一直领先。外国留学生在中国的创业，可以集中于产业分工比较高端的领域，从经济可持续发展的角度看，有助于中国在促进国际经济交往的同时，带动经济的转型升级。

拓展信息交流平台，增强文化实力

创业不仅是一种经济行为，还是充满着人文关怀的文化活动。率先开展创业教育并连续数十年名列全球创业教育前茅的美国百森商学院，把行动、永续、即刻、开放、合作、愿景、转型和自我，作为创业的关键词，认为创业能够“帮助人们开拓视野、创造可能性、独特地思考，从而使整个世界变得更加美好和精彩”。外国留学生在中国创业，可以充分发挥创业的这种社会文化功能，通过创建新组织和吸纳就业等多种手段，将不同人文背景的信息融合，在创业交流中丰富和增强中国的文化实力。

美国《外交政策》杂志是全球最有影响力的国际时事刊物，2015 年 6 月公布了一项对 343 名在中国长期学习的美国人的调查结果。数据显示，97.1% 的受访者认为值得“在中国生活付出时间、努力和金钱”。而且，78.4% 的受访者表示，“在中国生活让他们对中国的印象变得更加正面”。目前仍在中国留学的受访者中，有 67% 愿意在中国工作，但是，已经毕业回国的受访者，只有 31% 表示愿意。这些数据表明，外国留学生在受教育过程中，对中国社会文化的认识和认可，需要及时地转化为现实生产力，而创业则为此提供了一条有效途径，既可以服务外国留学生和中国经济的发展，还可以在丰富文化要素的同时实现文化的辐射作用。

以美国“车库文化”为例。这是美国自由随性的地下文化的一部分，但是，车库中孕育出的创业企业，让这种文化充满了创新内涵，激发了外国留学生的创业激情，同时，不同国家留学生在美国的创业活动，又进一步让“车库文化”为世界所熟知甚至认同。由此可见，外国留学生创业，不仅能够增强国家经济硬实力，还可以推动文化软实力的提升。

促进外国留学生在中国创业的五点建议

合理规划生源结构，为留学生创业奠定专业基础

《中国留学发展报告（2014）》显示，在中国读学位的外国留学生比例仅为0.4%左右，而根据经合组织（OECD）的统计，发达国家的这一比例普遍在8%以上。教育部公布的2014年数据表明，外国留学生中有43.60%在中国接受学历教育，约10%为硕士和博士研究生。而且，中国尚未建立起来华留学人员进入本科专业学习的成熟标准，留学人员生源国别和层次类别尚不合理和均衡。由此可见，中国高校接收留学生的空间依然巨大，同时，还需要对留学生的专业和来源等进行科学的结构设计，以确保外国留学生通过学习成为留学人才，为创业提供人力资本储备。《2014美国门户开放报告》（*Open Doors Report*）表明，在美留学生所学专业的选择，是以在美国深造和就业前景为基础的，也由此会为美国带来长期的业务关系和经济利益。这也佐证了，留学生入口环节的导向，对出口时价值的发挥具有关键影响。

开展系统的创业教育，为留学生创业搭建实践平台

中国正在深化高校创新创业的教育改革，主导思想就是把创新创业教育贯穿人才培养全过程。同时，各地也在采取措施，吸引海外的中国留学生回国创业。但是，目前

鼓励青年学生创业创新的新举措，尚未给予在华留学生足够的关注。因此，有必要将外国留学生也纳入学校创新创业教育的过程体系，为他们提供开放的创业平台，同时也为他们构建社会网络联系提供支持。中国与全球化智库（CCG）研究发现，中国在外国留学生培养过程中的重要“短板”就是缺乏全英语教学课程。除此之外，对外国留学生开展规范和系统的创新创业教育，还需要学校提供多方位的保障。以瑞士大学为例，虽然瑞士的移民制度比较苛刻，但是非常鼓励外国留学生创业，包括苏黎世联邦理工大学在内的诸多瑞士高校，都为外国留学生提供了可用于创业的研究室空间、设备器材以及丰富的培训课程。可以说，将留学生的专业学习与创业教育结合，有助于留学生锻炼和提高创业实践能力，为创业积累知识和技能经验。

灵活设计签证制度，为留学生创业提供政策保障

根据中国现行的留学生管理政策，外籍留学生毕业以后不能直接在中国就业或创业。这在一定程度上，把具有创新创业意愿和潜力的外国留学生拒之门外。目前，越来越多的国家在为人才国际化流动提供保障条件。美国持 F1 签证（一种针对外籍学生的学习签证）留学生有机会转 H－1B签证（一种针对外籍人员的临时工作签证），后者通过抽签方式获得，竞争异常激烈，所以也就有了前文提到的《创业法案》，这反映出社会对留下更多外籍学生的努力。韩国政府为吸引外国留学生在韩创业，颁布了外国人

创业签证制度，并成立了留学生创业支援中心。日本为了鼓励在日本完成学业后有志在日本创业的留学生，增设了“创业准备签证”，并将停留资格为“投资经营”的签证期限延长。“创业之国”以色列提出，要在2015年底前推出面向全球的“创业签证”，允许来自全球的创业者在以色列停留至少3个月，而后再根据创业效果将停留时间逐渐增加至6个月或9个月，最长时间则为1年。因此，中国也可以通过灵活多样的制度设计，放开限制，为留住优秀的留学生创业者创造条件。

完善创业活动的激励机制，为留学生创业搭建加速通道

制度保障是外部条件，真正激励留学生在中国创业的还是来自于创业本身，如是否有吸引人的创业机会，能否整合到资源，如何形成创业团队，跨文化创业是否受到认可，创新价值有多高，成长空间有多大等。这些具体的创业问题将对留学生创业意愿和动机产生决定性作用。为此，需要为外国留学生创业提供针对性的创业服务。德国创业协会（German Startup Association）的十条章程中，第三条就提出要为外国专业人才创业提供全方位服务，“以保证外国留学生在德国的创业变得简单”。他们建立了“欢迎中心（Welcome Centers）”等部门，为外国留学生解答各类创业问题，开展一站式的管理服务，提供满足不同创业项目的创业顾问和支持服务，而且在语言上，实现全英语业务办

理和创业指导。从中可以看出，外国留学生创业想法的生成，离不开有效的孵化和加速，通过多种服务措施增加留学生对创业成功率的预期，从而有利于强化他们的创业激情，并激励他们将创业落实到行动中。

营造健康的创业氛围，为留学生创业形成动力源泉

社会环境是创业的土壤，创业就是创业者在不确定环境中动态决策的过程。中国经济的新常态，为创业带来了机遇，同时，也对年轻的外国留学生感知和把握中国创业环境，提出了一定的挑战。2014 年，在华留学生人数排名前两位的是韩国和美国。韩国最早也是最大的中文报《亚洲经济》，2015 年 3 月发表了一篇名为“中国创业潮吸引韩国留学生变创客”的文章，介绍了在中国抓住创业机会成为“海漂”的韩国“创客”。与此相反，美国《外交杂志》2015 年 6 月的调查显示，仅有 19.2% 的被调查者愿意在中国“试试”创业，大部分人并不看好在中国创业的前景，而原因除语言难之外，还包括“相对封闭的环境”，难以融入的文化，以及“对知识产权保护的担心”等。韩国和美国留学生对在中国创业的态度差异意味着，有必要增进留学生对中国创业文化的了解，同时，还需要营造健康透明的创业氛围从而吸引和鼓励不同国家的留学生，投身于中国的创业事业。有人说，以色列是文化塑造出来的创业国度，这也从侧面表明，整个社会文化所营造的创业氛围对创业的重要作用。

中国唐代有一位来自日本的外国留学生阿倍仲麻吕，他在国子监学习，毕业后参加科举、考中进士，然后留在长安，历仕玄宗、肃宗、代宗三代皇帝，不仅官至二品，还与李白和王维等著名诗人成为莫逆之交。而且，他在文学方面也极具才华，他写的《衔命还国作》被收录在宋代编辑的优秀诗文集《文苑英华》里，并且是这本集子中唯一的外国人作品。虽然阿倍仲麻吕一直被视为文化交流的使者，不过，他身上所具有的探索和学习精神，以及为当时中国文化和社会做出的贡献，对今天认识外国留学生在中国创业的问题，依然具有启发作用。促进外国留学生在中国创业，不仅是为他们和更多中国人打造联合“筑梦空间”，也为推动整个经济社会的创新和发展提供了新思路。

注：本文原标题：《远方的客人请你留下来：促进外国留学生在中国创业》。本文主要内容刊发于《中国经贸导刊》2015 年第 19 期（标题同本文）。

绿色创业的冷问热答

如果把创业比作事业有成的才子，那么，绿色则可以视为秀色可餐的佳人。绿色创业，就像才子佳人相遇，准备共谱一场火热恋曲，但是，相信他们的爱情故事也会和其他伴侣一样，需要面对现实的残酷和艰辛的奋斗。虽然绿色创业试图将创业的价值财富和绿色的人文情怀进行完美结合，而且正在成为兼顾创业型和绿色化双重诉求的政策焦点，但是，在管理实践中，绿色创业依然要经得起质询和挑战。为此，有必要对这些冷问题进行热思考，让绿色创业在拷问中进一步明晰和落实行动路线，从而让才子佳人恋曲最终修成正果。

冷问一：绿色创业的内涵，是不是货真价实

美女是不是整容了？才子是不是包装的？什么才是真正的绿色创业，是首先需要直面的问题，而鉴定的先决条件就是明确绿色和创业的内涵。

绿色在社会科学领域，是一种基于联觉而形成的概念，也可以被视为一种形象化的比喻，不仅仅用来形容生态环境的水平，还可以指代社会环境中好的、善的现象，甚至

还有人把遵纪守法等基本公民的行为也视为绿色。因此，绿色有深绿和浅绿的程度之分。同时，衡量绿色的标准也会发生变化，多年前做到不污染环境就可以挂上绿色的标签，现如今低碳、节能和再循环更具绿色的属性。如果非要给绿色一个学名，那么可持续发展算是比较贴切的参考答案，“生态友好、社会繁荣、经济发展”三重底线的动态平衡，可以被视为绿色的过程。

谈到创业，不少人首先想到的是自己当老板，但这只是对创业的一种片面认识，更为全面的界定是，创业是在突破当前资源约束条件下，通过对机会的开发实现创新价值的过程，既指代新企业的生成，也可以是已有企业内部的衍生行为。机会、团队和资源是创业的核心要素，创新、风险承担、超前行动是创业的基本维度，价值创造和创新是创业的重要目标。虽然创业意味着提供更多的就业岗位，但是，创业更长远的意义，则是在于通过对创业的精神和能力的培养和发挥，推动经济社会发展的提质和创新。

由此看来，绿色创业就是将价值创新的创业过程与可持续发展的绿色情怀进行融合的积极尝试，是创业者通过开发能够实现未来产品和服务的机会，创造生态、社会和经济多重价值的过程。不论是源起于绿色技术的新企业，还是传统资源型企业通过内部创业实现“绿色转身”，都可以视为绿色创业的实现形式。引领绿色创业研究的美国印第安纳大学迪恩·雪弗德（Dean Shepherd）教授用了一个中国人熟悉的词来形容绿色创业：“这是一个关于创业如何‘做好事’的学问”。因此，绿色创业是不是货真价实，关键要看才干是否服务大众，美丽是否健康永续。

冷问二：绿色创业的目的，会不会各有企图

才子需要佳人满足虚荣、佳人依傍才子更好营生，持这种看法的也不在少数。那么，绿色创业，会不会也是各打算盘的一场交易？

回答这个问题的出发点，在于对“目标—手段”关系的认识。最常见的是“借色求财观”，认为绿色创业就是为了获取创业的超额利润，绿色只不过是创业者为了更易获得他人认可或便利条件而使用的手段。就像光伏行业一阵风，新企业跟风的动力，大多源于优惠政策的诱惑。另一种是“弃财寻色观”，认为绿色创业者是一群具有社会使命感的群体，他们的目的是为更多人的社会福祉服务，而创业只不过是确保绿色目标实现的商业手段。全球最大的社会创业组织爱创家（Ashoka）的创始人比尔·德雷顿（Bill Drayton），离开工作十余年的顶尖管理咨询机构麦肯锡，放弃美国环境署助理署长的职位，以五万美元创立了爱创家并全职投入，像“风险投资基金”那样在全世界范围内寻找那些变革社会、创造福祉的社会创业者，投入资源扶持他们解决金字塔底层面临的种种社会问题。

那么，绿色创业到底是“图财”还是“图色”，背后的根本逻辑又是什么？这就需要回到对机会开发本质的认

识上。传统的“因果逻辑”认为，机会开发是因果分析的过程，机会是一种客观的事先存在，创业者在目标导向下通过环境分析，发现和利用机会，然后创造最大化价值。于是，就有了创业和绿色孰先孰后之争。但是，新兴的“效果逻辑”却给出了不同的视角，认为机会开发是效果建构的过程，机会是创业者与外部环境社会互动的结果，创业者面对高度不确定的环境，无法明确目标，而是从既有条件出发，创造尽可能好的效果。

因此，遵循效果逻辑的主张，与其在创业和绿色谁是目标问题上做选择，不如为二者怎么样实现充分融合出主意。在复杂动态的环境中，资源有限的约束下，绿色创业始终要面对各种风险和挑战，如何通过有效决策步步为营、层层推进，离不开绿色和创业之间的协同演进，最终的结果不是拼出既定的图案，而是绘制出创新的愿景。新奥集团创始人王玉锁始终认为，绿色和机会是一体的，“不管是拯救地球，减少排放，还是环境保护，本身也在培育一种新的产业。不是简单地把钱花出去就完了，而是制造了一个市场。”这就意味着，绿色创业是一个整合资源、创造价值的建构过程，就像“创业教育之父”美国百森商学院杰夫·蒂蒙斯（Jeff Timmons）教授所形容的，是一个由毛毛虫变蝴蝶的动态过程。

冷问三：绿色创业的过程，到底谁说了算

谈钱，伤感情；谈感情，伤钱。当绿色与创业产生此

类并不鲜见的冲突时，那么应该听哪一方的？

中国目前最大的民营环保企业桑德集团创始人文一波，这样形容1998年自己内心经历的艰难时刻。当时企业成立不久，他希望谋求更大的发展，以期带来更大的公共价值。然而，他发现自己所专注的工业污水处理业务，诉求不大、监管不足，导致前景并不明朗。而且，“很多环保NGO的环保主张其实是不科学的，这个领域充满了很多哗众取宠的人”。“如果只是糊弄一下，我们良心上过不去，而且，从长远来看，得过且过的状态会让企业丧失很多机会，在行业里无法立足。”是继续坚持“我是为社会积累财富，不是为个人积累财富”的执念，还是赶紧去挣些快钱？

这是很多在路上的绿色创业者都曾经或正在体验的挣扎心情。不过，解决的思路并不是要在创业回报与绿色责任之间做取舍。事实上，创业具有绿色基因，创新改进了传统的产品和服务，风险承担把握了不确定性的价值，超前行动则及时推出了前瞻性的成果，这些都使创业具有可持续发展的种子。同时，绿色亟待创业增色，绿色不是“镜中花、水中月”，而是需要到市场当中由经济主体践行，而且，绿色不能停留在“不做错事”的浅层，还需要停留“更好做事”“做大事业”的深层，这些都离不开创业的思维和能力。

因此，解决绿色创业遇到的矛盾，需要的是整合的理念和一体的行动。借用文一波所总结的经验，“掘绿金要有定力”。这个定力就是将绿色创业作为一整套规范的管理体系，运用相应的科学手段去寻求突破。对此，技术正被越来越多的绿色创业者视为一剂良方。

除了文一波反复强调桑德是技术起家、凭技术发展，新能源汽车比亚迪创始人王传福也坚称绝不会用“技术”换市场，坚持“技术”是最大的品牌特色，因为“技术创新，技术底蕴，是我们坚定的战略，是我的梦想。这样，才能让我们看得更远，领先于别人”。而技术之所以被公认为绿色创业问题的解决之道，原因在于技术既可以实现创业的价值回报，同时，也能够保证绿色的未来属性，促进了绿色和创业的相互嵌入，成为创业者平衡矛盾和跨越障碍的关键力量。

冷问四：绿色创业的重任，如何挑起一家子

才子佳人也少不了各色亲友，仍需要承担家族责任。绿色创业也不例外。政府、公众、竞争对手、社会机构，都是绿色创业的利益相关者。他们当中，有的能够提供援手，有的则需要拉一把扶一程。那么，被委以重任的绿色创业如何才能不负众望呢？

第一，绿色创业要引领顾客需求。特斯拉汽车的标签，除了创新技术，更吸引眼球的还有颠覆传统的营销模式，创始人马斯克运用基于互联网的体验式直销，让可持续交通以一种时尚的方式为公众所迅速熟知和认可，而避免陷入因新理念“不食人间烟火”而遭受冷遇的境地。毋庸置

疑，市场才是绿色创业成功的土壤。

第二，绿色创业要掌握政府导向。典型代表是曾经创造创业板资本神话的碧水源，创始人文剑平认为企业最重要的转折点就是成立三四年后承接的一个“样板”工程——容量4.5万吨的密云水库水处理工程。虽然有人质疑这种政府背景，但是，跟踪政策动态和把握政府走向，对绿色创业者而言，是必不可少的基本功。

第三，绿色创业要加强联盟网络。食品加工和包装提供商利乐公司2015年2月宣布，全球92家工厂和销售公司均已获得国际非政府机构森林管理委员会的产销监管链（FSC® COC）认证，这意味着原材料均来自对环境负责、对社会有利且可持续经营的森林，而木产品从原产地到消费者的整个供销链全程可追溯。这种结合对商家和社会组织双方成长都有益处。

第四，绿色创业要带动传统升级。广东中山古镇的灯饰产业集群具有三十多年的历史，但是，在绿色照明浪潮的冲击下，却依然没有掉队，目前已经转型成为全国领先的LED新能源技术照明产业集群。究其原因，先行企业的带动示范效应功不可没，通过应用和销售渠道，推动传统光源灯具向新光源灯具升级。

“家和万事兴”。绿色创业也需要协调社会各方力量，在实现自生发展的同时，带动更多利益相关者实现绿色的转型和成长。

冷问五：绿色创业的未来，下一站是什么颜色

绿色的美丽并不否定其他颜色存在的价值。那么，在全球可持续发展的背景下，绿色创业者的未来将何去何从？

绿色创业要避免概念泛化，创业者需要明晰具体的路径方向。如果时时处处称绿色，就有可能让绿色创业失去其独特的价值和意义。为此，绿色创业者要有明确的路径方向。例如，社会创业路径方向，意味着创业者创生非营利组织或者在企业内部开展社会导向内创业活动。再如，生态创业路径方向，意味着创业者以生态问题作为机会，通过新组织或既有组织衍生等形式来开拓新事业以实现环境友好。同时，浅层绿色创业路径，是指在传统商业创业领域通过渐进性创新收获价值；而深层绿色创业路径，则是指通过突破性创新实现变革和可持续价值。因此，绿色创业将发展成为一个立体的概念体系，并且有其动态的行动路线和目标方向。

绿色创业要立足现实情境，创业者需要开拓符合中国实际的商业模式。以社会企业为例，这一源起于英国的新型组织形式就在中国遭遇了“尴尬”。由于历史文化的差异，中国公众对公益组织和企业社会责任的认识，与英美等国具有明显的不同，因此，用商业思维解决社会问题的社会企业模式，在中国的公众形象很不清晰，甚至连一些中国社会企业的创业者本人也没有准确认知。同时，相关法律的不完善和资金来源的短缺也成为限制中国社会企业

发展的主要问题。在呼吁专门政策倾斜与法律保护的同时，更多的人则在积极探索运用何种模式将社会企业的形象和事业被中国公众认可，并有效地发挥社会企业对社会福祉的贡献。

绿色创业要鼓励变革创新，创业者需要放眼未来，创造新的可持续发展空间。格莱珉银行（Grameen Bank）创始人穆罕默德·尤努斯（Muhammad Yunus）是“微额贷款”这一新金融制度的开创者，也是社会创业者的典范，因“从社会底层推动经济和社会发展的努力”而获得了2006年的诺贝尔和平奖。他在获奖词中说道，“我们接受周围总会有穷人的事实，觉得贫困是人类命运的一部分。这正是我们周围还有贫困人口存在的原因。如果我们坚信贫穷是不可容忍的，贫困是不属于文明社会的，那么我们就一定能建立起适当的体制和政策，创造出一个没有贫困的世界”。这番话告诉我们，绿色创业不能囿于满足限定的需求，更需要去变革和创新，甚至去打破看似合理的安排。

冷问六：绿色创业的保障，怎么才能百年好合

才子佳人要想长久地幸福，也离不开他人的相助，而绿色创业的结合更是如此。清华大学人文学院秦晖教授在其“绿色思潮与社会正义”的发言中指出，“没有一种有效的制度安排，所谓‘重视环境’只能流于空谈。由于经济学上所谓外部性，人人明知重要而又人人破坏之的事例不胜枚举。”由此可见，绿色创业不可能是创业者孤军奋战

的英雄故事，需要制度环境各要素的配合和支持，而是一个全社会力量可以参与并最终为大众带来可持续发展福祉的系统工程。

目前，经济发展新常态下企业经营的生态环境约束将更加趋紧，追求经济效益与保护生态环境的“两难”问题将更多地显现，这就需要更好地激发绿色创业的潜能。为此，可以从理念转变、技术引领、企社合作、资源整合、智力支持等五个方面入手，使创业者自觉开发绿色创业机会、开创环境友好的新事业，推动创业者从生态环境被监管者转化为可持续价值创造者，最终实现经济发展、社会繁荣和生态友好的和谐统一。

第一，突出绿色价值创造，引导社会树立绿色创业理念。绿色创业不同于企业履行社会责任，也非一种公益事业，而是创业者为开拓新事业、创造新价值而对绿色机会进行识别和开发的过程。要突出绿色创业的价值创造导向，在社会上树立绿色创业理念，寻找到经济效益与可持续发展“激励兼容”的契合点，不断创设新的绿色产品和服务，使公众对保护生态环境从“不得不为”转化成“主动而为”，让创业者成为良好生态环境的创造者。

第二，坚持问题导向，以高新技术引领绿色创业。具有绿色特征的高新技术，是新兴科技知识与企业生产运营活动紧密结合的产物。根据不同区域经济社会的不同发展阶段的外部约束条件，紧紧围绕所处的行业、成长时期、发展规模，坚持以解决问题为导向，寻找新企业生产经营与绿色高新技术的契合点，充分把握高新技术转移的动态特征和关键环节，通过鼓励企业内部研发、技术市场转移、产学研联盟、中介组织联络等多种途径，使高新技术引领创业者高效实现绿色价值创造。

第三，强化信息平台建设，畅通商业企业与社会组织的绿色创业多领域合作。随着全社会生态文明理念的逐步深入，一些以生态环境保护理念宣传和技术推广为主业的社会非营利组织正在蓬勃发展，为新企业绿色创业活动提供了良好的外部环境和助力。要进一步强化商业企业与社会非营利组织之间的信息沟通平台建设，通过政府和市场多种有效耦合手段，一方面，使企业能够充分借助社会组织的绿色技术和成熟产品，借鉴社会组织的相关组织范式和重点开发方向，借力社会组织的人员、信息、服务和运营流程；另一方面，也使社会非营利组织能够借道企业的市场网络，加快自身公益目标的实现，形成双赢格局。

第四，优化资源配置，为创业者绿色创业提供资源保障。绿色创业投入回报期相对较长，一些投资可能会形成外部正的溢出效应，却并不能转化为当期收益。除需要创业者保持很强的战略定力之外，还需要制度设计能够从绿色创业的回报周期和效应特征入手，通过完善绿色投融资服务平台、建立绿色创业引导基金等多种方式，整合创业组织内部和外部的绿色创业资源，优化政府与市场的相关要素配置，降低绿色创业活动成本，提高绿色创业活动的稳定性。

第五，加强绿色创业教育，提供知识保障和智力支持。绿色创业成功与否，不仅取决于创业者的生态环境意识和价值认知水平，而且受制于各方面的相关知识和专业能力。要积极引入绿色创业教育的理念、体系和方法，加强全社会的绿色创业教育。例如，强化企业经营者知识培训，学习绿色创业的体系架构，通过典型案例剖析、现场操作和情境实验等方法，掌握并不断提升企业内部绿色创业能力。再如，加强对高校绿色创业管理教学科研的支持引导，加大对教学科研成果的转化力度，普及全社会的绿色创业理念。同时，还可以将绿色创业知识培训引入政府管理人员知识培训体系，提升相关管理的自觉性、前瞻性。

注：本文主要内容于 2016 年 5 月 30 日刊发于南开大学创业研究中心微信公众号“南开创业”（微信号：nkcygl）（标题同本文）。

间接型学术创业与创业教育

引言

学术创业将学术知识创新和创业价值创造两个主题进行了整合，成为创业领域的重要课题，在十余年的发展过程中取得了不少研究成果。总体认为，学术创业是科学实现价值诉求的过程，通过学者和学术组织的创业行为，加速新知识从诞生到商业化的进程，最大化知识的创新价值，从而提升知识对社会发展的贡献水平。在这个背景下，大学作为重要的学术组织，其学术创业行为日益受到管理和教育领域的关注。可以说，学术创业正在推动大学从围墙高筑的“象牙塔”转型为催生创业的“孵化器”，激励不少学者投身创业并成为一股不容忽视的创业力量，从而对科学、社会的变革发展产生了重要影响。

但是，大学情境下的学术创业研究，目前主要侧重于直接型学术创业行为，而较少关注间接型学术创业行为。前者强调通过顶尖先进的科研成果来实现创新并获取竞争优势，典型代表就是创办衍生企业的科研专家和学者；而后者则立足于大学的教学科研活动，聚焦企业的组织衍生以及学生的创业行为。近年来研究已经从技术转移视角对直接型学术创业效果和政策形成了系列成果，但是，对间接型学术创业的探查明显不足，尤其是随着大学生创业活动的日益兴起和备受关注，这种研究缺陷亟待克服。为此，不仅要充实对间接型学术创业规律的总结和提炼，还需要结合新兴问题和具体情境开展理论拓展。

与此同时，在创新创业成为未来中国发展新引擎的背景下，如何充分发挥学术创业的力量、提升大学的贡献度，从而激发和引导更多学术力量参与创业和提升创业质量，成为亟待解决的现实主题。因此，本研究依据学术创业的理论背景，从间接型学术创业的视角出发，选取大学创业教育作为分析对象，运用不确定环境下创业的动态研究范式，在案例比较分析的基础上，揭示间接型学术创业与大学创业教育的契合，实现路径。

理论基础

基于大学的间接型学术创业主要体现在四个领域。一是在校生创业，即大学生在校期间从事创业活动，研究发现在校大学生创业意向是多因素复杂作用的结果，但是，大学生在校期间的创业实践锻炼，被普遍认为是创业人才培养的基础。二是毕业生创业，即大学生一毕业就开创新事业，这已经成为近年来全球范围内的一个新热点，但是，这类学生创业的绩效是否低于第一种，尚未得到验证。三是就业后创业，即大学生毕业后在既有组织就业，经过一定时间的经验积累后，离开原有组织的创业。有研究认为这类创业要比一毕业就创业具有较高的成功率，但也有研究只是将毕业学校视为创业者人口统计特征，并未从学术创业视角给予关注。四是企业内创业，即已经具有商业工作经验的大学毕业生，作为企业内的创业者，进行的公司创业行为。研究发现，这类创业衍生组织的绩效要高于大学衍生企业。

由此可见，以创业精神和能力培养为目标的大学创业教育，可以成为间接型学术创业的重要支撑。从大学的整体层面来看，创业型大学教育理念已经被越来越多的人接受，相应的教育变革举措激发了学者学术创业的热情，对大学转型起到了促进作用。从教育内容和方式来看，大学创业教育正在突破教室和校园的边界，向实践领域拓展教学空间，而且越来越多的大学重视创业教育过程，培育甚至孵化能够在现实中真正运营的创业项目，而不是停留在课本知识的传授层面。同时，创业教育的力量，既包括创业专业的教师，也包括校内能够提供项目支持的科研专家，还包括校内外的行政管理者和创业者。

但是，间接型学术创业与大学创业教育之间的内在联系，如何能够实现最大的价值，依然需要应对诸多现实挑战。例如，大学如何将传统的教学和科研活动，与实践导向的创业教育进行结合？教师如何平衡知识传授和知识应用的关系？大学生如何获取来自学校和相关部门的政策支持？还有研究指出，虽然大学服务社会的新使命受到认可，但是，过分关注商业化也被视为学术的悲哀。即便创业教育的教师不一定要有创业经历，但如何与社会导师进行合理分工并非易事。对大学生而言，仅仅制定鼓励创业的政策还不够，更重要的是要设计出能够提升创业质量的制度安排，毕竟大学生创业的目的，不能仅限于解决就业，也应该包括知识价值的实现甚至最大化。

研究设计

分析框架

通过对已有研究成果进行梳理可以发现，间接型学术创业如何与大学创业教育对接，还需要对散落在不同教育环节的问题进行整合和提炼，以便找出系统性的解决方案。基于这一考虑，按照创业教育实施主体和教育形式的标准，将大学创业教育分为：以非学术机构为主导的创业活动形式，以任课教师为主导的创业课程形式，以创业中心为主导的创业项目形式，以学科院系为主导的创业专业形式。在此基础上，进一步选取知识和技能两个创业和教育的基础维度作为纽带，归纳了创业知识和技能在间接型学术创业中的水平高低以及在大学创业教育中的导向强弱，如表7所示。

表 7　间接型学术创业与大学创业教育的匹配

间接型 学术创业	创业知识/ 技能水平	大学 创业教育	创业知识/ 技能导向
在校生创业	创业知识水平较低 创业技能水平较低	非学术机构主导 创业活动	创业知识导向较弱 创业技能导向较弱
毕业后创业	创业知识水平较高 创业技能水平较低	任课教师主导 创业课程	创业知识导向较强 创业技能导向较弱
就业后创业	创业知识水平较高 创业技能水平较高	学科院系主导 创业专业	创业知识导向较强 创业技能导向较强
企业内创业	创业知识水平很高 创业技能水平很高	创业中心主导 创业项目	创业知识导向很强 创业技能导向很强

通过前文分析和实践规律，不同类型的间接型学术创业和大学创业教育，对创业知识和技能的需求和影响各不相同，从而形成了不同的知识和技能组合。一般而言，从大学生创业到公司内创业，对创业知识和技能水平的需求越来越高；从非学术机构主导的创业活动到大学创业中心主导的创业项目，对创业知识和技能导向的程度也越来越高。由此可以梳理出，四类间接型学术创业与大学创业教育之间的匹配组合，即“在校生创业—创业活动”“毕业生创业—创业课程”“就业后创业—创业专业”“企业内创业—创业项目”。

案例选取

本研究选取了美国百森商学院作为研究样本。选取的依据主要在于：一是样本的代表性。美国百森商学院是以创业教育为特色的全球顶尖商学院，自 1919 年成立以来，创业精神一直伴随百森商学院的发展历程，在创业管理和教育方面，百森的专长已经为世界所公认，创业学专业的本科和研究生水平连续数十年名列全美第一名。二是样本的普适性。百森商学院具有完备的创业教育体系，同时，也在不断更新和调整自身的创业教育模式，加之近年来不断重视创业教育的国际交流，与中国的大学开展了日益广泛的创业教育合作，其教学理念和做法在中国广受关注和认可，对中国大学具有现实参考价值。三是资料数据的可得性。笔者参与组织了南开大学与美国百森商学院联合主办的“中美创业研究与教育国际研讨会”和“百森—南开创业教育师资研习班”，作为主译人员翻译了百森商学院 2014 年新出版的《如何教创业——基于实践的百森教学法》，作为访问学者在美国收集整理了百森商学院创业教育的新近资料，访谈了美国多所大学的创业教育教师，开展了比较分析，通过多来源获取案例素材，为研究问题的有效验证提供了充分证据。

值得一提的是，百森商学院形成了一套独一无二的“创业思考和行动”（Entrepreneurial Thought and Action®，ET&A）教育方法论体系，与创业知识和技能的基础维度相一致，较好地呼应了本研究分析框架，从而便于案例的分析和挖掘。ET&A 所追求的是，让本科生、研究生和具有工作经验的人，深入理解商业原则、掌握严谨的分析方法，同时，还能够开展行动、试验和创造活动，在平衡思考和行动的过程中，学习如何创造经济和社会价值。因此，在百森看来，ET&A 不仅仅是解决商业问题的手段，更是认识世界的方式。学生既可以将其运用到大企业当中，也可以服务于家族小企业，还可以用于公益慈善和解决全球范围内的社会问题，当然也能够用于开办一家企业。

案例分析

在校生创业与创业活动教育的契合

百森将在校生创业与丰富的校园创业活动相融合。百森提出，对课余生活的理解，不能停留在学生可以在教室外面做点事情，而是要把学生每周不在教室的 154 小时，规划为帮助学生成为创业者的时间。为此，百森通过团队活动、领导力训练等校园活动，将创业的知行无缝对接，并提倡用创业的生活方式鼓励学生成为创业者。因此，在百森看来，音乐、舞蹈、体育、健身等基于兴趣和文化背景的校园活动也是创业教育的一部分。

百森基于学生兴趣的校园创业活动非常活跃。为了开发学生的领导能力并提高学生与其他人协作的技能，百森大力鼓励学生结合自己的兴趣组建社团，目前，学校已经有超过 115 个学生社团组织。百森认为，创建一个新的社团或组织，会给学生提供一次绝好的学习创业的机会，因为在创建社团过程中，学生学会了如何开发新想法、获得支持和协助、设立新的机构，而这些都是创业的重要技能之一。而学校则尽可能提供服务支持，把对社团的干涉和干扰降到最低，从而让学生充分追求和实践自己的想法。

毕业生创业与创业课程教育的契合

百森设计具有应用前景的课程来为毕业生创业服务。例如，百森的“管理和创业基金”（Foundations of Management and Entrepreneurship，FME）是面向各专业一年级新生开展的为期一年的创业课程。FME 指派两名具有行业实践经验的社会导师，指导学生了解与创业有关的营销、财务、组织行为、信息系统和运营知识，强调知识的融合应用。同时，FME 还注意为学生提供一个基础的商业背景和真实世界的情境，将每 10 位学生分为一组，给他们提供最高 3000 美元的学院贷款，无论他们是卖有形产品还是提供服务，鼓励学生思考如何满足人的需求。再如，百森专门设计了“中国的创业和新企业”（Entrepreneurship and New Ventures in China）课程，让学生了解如何在中国开发和评估创业机会。这门课程介绍中国的文化、政治、社会和经济环境，除了讨论、阅读和案例分析等方式，还为学生提供和中国创业者直接接触的机会，帮助学生认识中国迅速变化的环境和独特的创业驱动力，学生需要撰写自身创业能力的分析论文，并通过团队方式设计并评估一个瞄准中国市场的真实创业项目。

百森的一项调查显示，84%的毕业生认为在百森创业课程中收获的创业经历和社会联系对他们的职业生涯选择产生了重要影响。2014年，全职MBA学员中18%开办了自己的新企业，27%的国际学生和14%的本土学生毕业后服务于自己家族的企业，毕业生创业项目中不乏类似于bigbelly太阳能垃圾桶和Zumba时尚健身等新商业模式项目，而这些与百森的“全体系创业教育”（Entrepreneurship of All Kinds）课程密不可分。这套课程体系涵盖了家族企业、绿色创业、创业融资、企业收购、社会创新等各个重要创业领域，为毕业生将创意转化为行动提供了知识根基。

就业后创业与创业专业教育的契合

百森的不少学生毕业时并未马上创业，而是先选择就业，但是，不少学生会在具有一定工作经历后再创业。2013年春季，百森对20399位毕业生进行了在线调查，回收了2026份来自110多个国家的有效问卷。调查显示，超过45%的毕业生正在或已经创办了属于自己的企业，而其中大部分都具有《财富》1000强企业或中小型企业的工作经历。结合百森2014年毕业生中8%毕业即创业的数据，可以看出，就业一段时间后再创业，是百森不少学生的选择。

这种就业后“万花筒”式的创业方向和方式，也需要大学创业教育的响应，对此，百森的做法是，运用主修（Concentration）组合的方式，丰富创业专业（Major）教育的内容，让学生从较为系统同时又具个性化的专业学习中收获更多的就业和创业知识和能力。主修的方式虽然比传统的专业学习要少修一些必修课，但是，通过主修一组或多组方向的课程，给学生提供了规划自己学习领域、研究兴趣和发展方向的机会，还为学生创造了与特定专业老师加强联系的纽带，让学生受到了近乎定制化的教育效果。为了避免主修方向选择的随意性，百森规定每位学生最多确定两个主修方向，但可以在入学后的任何时候确定方向。对此，百森为本科生提供了近 30 个主修专业，为 MBA 也提供了近 10 个方向，即便是其中的必修课程，也设计了多种组合，而承担主修工作的则是相当于院系的各个教学部门（Division）。

企业内创业与创业项目教育的契合

企业内创业在各种创业类型中，创造价值的水平非常高。经典的 Bhide 创业模型指出，虽然企业内创业所需投资不少，但是，面对的不确定性并不是特别高，而且创造的利润回报非常巨大。研究表明，企业内创业战略无论对于企业持续成长还是整个社会经济的发展都具有现实意义，而人才则是推动企业内创业的重要力量。对此，百森依托创业中心开展各类创业项目的教育形式，培养创业人才，通过他们催生或促进既有企业的内创业活动。

在百森的六个中心和研究所中，有两个创业中心，其中最为综合和知名的是阿瑟·布兰克创业中心。这个中心提供多种项目为既有企业培养创业管理者，其中一个典型的项目是“成功跨代创业实践”（Successful Transgenerational Entrepreneurship Practices，STEP）。STEP 的设计出发点在于，家族企业是全球范围内的重要经济现象，但是，代际传承却成为困扰家族企业持续成长的症结。STEP 主张，解决这一问题的关键，不能仅限于把管理权杖交给下一代，而是要通过企业整体的创业精神和能力打造，来实现企业跨代的创业和创新成长，而创业型管理者的培养就成为教育的关键。另外一个创业中心是女性创业领导力中心，为各类企业的女性管理者提供提升创业型领导水平的机会，从而能让这个群体更充分地施展能力，并创造出更多的价值。在创业中心学习的学员，既有百森的本科生和研究生，还有毕业生，更有正在企业供职的各级管理者，通过基于创业项目的教育形式，提升创业管理的能力，也为既有企业实现创业型成长提供人才支持。

讨论

通过基于百森案例的间接型学术创业与大学创业教育契合分析，可以看出，学术的创业价值实现，并不仅限于学者开办企业这一种方式，还可以通过大学创业教育，来发挥学生的创业潜能。而且，学生创业与大学教育并不矛盾，无须靠休学来保证创业效果，通过在大学的创业学习，也可以提高自身的创业认知和能力水平。更为重要的是，间接型学术创业还包括企业内创业等多种形式，为大学创业教育提供了更广阔的空间，而大学创业教育为创业者学习创业知识与能力提供了重要支撑。

目前，创新创业已经被视为中国未来发展的“双引擎”之一，国家也出台了鼓励科研人员停薪留职创业、允许大学生休学创业等激励政策。但是，一些学者对科研人员创业提出了质疑，担心这将冲击教师最基本的教学科研使命和学生的正常学业，甚至反对让科研人员和大学生停职和休学创办企业的做法。从这些观点中可以看出，创业和学术的有效结合并非易事。为了分析冲突背后的缘由，梳理出可能的解决思路，还需要回归到对创业和学术内涵的认识中。为此，结合前文的案例分析，考虑到中国大学创业教育的现状，可以从创业、学术以及二者契合三个角度进一步展开分析。

第一，创业不等同于创办企业，而是引领变革的力量。百森在其官网专门开设了一个“为创业下定义”栏目，在开篇位置这样描述创业：“世界现在需要的，就是创业现在能做的。创业是变革的引擎，帮助人们开拓视野、创造可能性、独特地思考，从而使整个世界变得更加美好和精彩。”栏目中列示了所有参与的百森师生所给的定义，但是，这并不表明创业是一个没有标准的概念，栏目还是提炼了七个关键词来代表众多定义背后的创业要义：行动、永续、即刻、开放、合作、愿景、转型和自我。由此可见，创业不等于创办一家企业去盈利，而是一种改变世界的独特思考和行动体系。在这个前提下，学术创业的形式，不能局限于学者或学生开办企业，目的也不单是提供一些就业岗位，如果一味地通过降低开店门槛或提供开店便利，将使创业失去更为重要的价值创新功能。中国未来的成功靠创新，在从配置效率向创新推动增长的转变过程中，要依靠创新型的创业者。

第二，学术不等同于抽象理论，而是创造知识的过程。学业是学术知识搭建的体系，就业是学术知识转化的环节，职业是学术知识应用的领域，事业是学术知识发展的前景。从上述关系来看，学术并非用不了的空洞理论，而是新知识从生成到应用的成长过程。即便是在百森，课堂和校园也依然在创业教育过程中发挥着不可替代的作用，创业认知和行动同样重要。因此，教室本身没有问题，有问题的是不得当的教学方法，使教室成为禁锢创业学习的场所。为此，百森不断更新和开发有效的创业教学法，来充分实现创业知识与实践的结合。近几年的“全球创业观察”中国报告显示，中国新创企业在产品创新和工艺创新方面与其他发展中国家相比仍然处于较低水平，这与中国活跃的创业活动水平形成反差。因此，在当前火热的创业大潮中，大学需要结合学术创业的不同类型，开展基于知识导向的多层次创业教育方式，提高知识对创业的贡献水平，推动产业向价值链高端跃升和经济社会的转型提质。

第三，学术可以与创业融合，学术创业需要与大学创业教育契合。学术创业并不等同于学者的职业发生变化，而是意味着学术注重价值实现的过程。管理大师德鲁克认为，科学的以及非科学的新知识，是创业机会来源的“超级明星”。因此，学术不可能与创业相隔绝，相反，学术可以实现与创业的有效融合。而且，基于知识的学术创业离不开大学创业教育的匹配。孔子有个得意门生名叫子贡，不仅有才干，而且善于经商，在学识上被奉为“孔门十哲”之一，在财富上也是“富至千金”。孔子死后，有人诋毁孔子说“子贡贤于仲尼”，而子贡知道后用宫墙比喻道，“我的宫墙只有齐肩高，而老师家的宫墙却有几仞高。如果找不到门进去，你就看不见里面的富丽堂皇和建筑的绚丽多姿。能够找到门进去的人并不多。”“仲尼不可毁也。”如果说，孔子开创儒家学说、创办私学是一种创业，那么他最有价值的创业便是培养了像子贡这样的创业者。而这个典故，也为学术创业与创业教育的契合做了完美的注解。

结语

本研究通过对直接型学术创业和间接型学术创业研究的比较，聚焦间接型学术创业的四个领域，将其与大学创业教育的四种类型相联系，构建了整合分析架构，并以美国百森商学院创业教育为案例进行了验证。结果表明，间接型学术创业与大学创业教育存在“在校生创业—创业活动”“毕业生创业—创业课程”“就业后创业—创业专业”“企业内创业—创业项目”等契合关系。启示在于，要避免对学术和创业内涵的认识误区，学术创业是知识创造价值并引领变革的过程，与大学创业教育契合有利于培养创新创业人才并推动经济社会进步。

本研究的主要学术价值在于，对间接型学术创业的研究，丰富了学术创业理论体系；通过与大学创业教育的结合，为学术创业研究拓展提供了新领域；基于美国百森商学院的案例分析，为本文提出的理论框架进行了现实检验，并提炼出间接型学术创业与大学创业教育的契合关系。本研究的主要应用价值在于，有助于廓清对学术创业活动的认识，理清学术创业与大学创业教育之间的现实联系，明晰各种类型大学创业教育对学术创业的不同贡献，对针对性开展学术创业和创业教育具有一定的借鉴和参考价值。

注：本文原标题：《间接型学术创业与大学创业教育的契合研究》。
本文主要内容刊发于《科学学与科学技术管理》2016 年第 1 期。

知识溢出与学术创业

20 世纪 80 年代后，科学与经济、大学与企业的边界发生了大规模变革，越来越多的研究者开始探寻其内在本质和规律。从较早提出科学研究与管理实践具有相似性的“技术科学”（Techno-Science）概念，到反映科学实践与企业研发存在整合效应的“后学术科学”（Post-academic Science）概念，再到描述当今学术现状的“学术资本化”（Academic Capitalism）和“企业科学”（Corporate Science）概念，研究脉络日渐清晰。近年来，基于以上理论体系并进一步延伸的反映知识资本向创业活动演变的“学术创业”（Academic Entrepreneurship）问题逐步显现，并引起了研究者的浓厚兴趣，成为在全球范围内创业活动的生动实践。本文基于国内外相关研究成果，对学术创业的产生动因、概念类型和实施途径进行了深入分析，以期对相关理论研究和实践有所借鉴。

知识溢出推动学术组织履行创业使命

在科学发展的过程中，科学的扩散功能反映了科学理论转移的一般规律，而且与科学规范的普遍性、公有性和无私利性等特征密切相关。一般认为，科学认识的目标在于对自然现象和经验事实做出解释和预见，但从动态的科学实践活动的角度来看，科学的功能不仅停留在科学理论和成果本身，还渗透在科学发展的整个过程中，突出表现为扩散的特征。在科学理论转移过程中，这种扩散功能以其特有的辐射效果和影响力使科学呈现出加速并持续发展的态势。而且，科学理论的扩散越早越好，理论的扩散对某一理论的变革有放大作用，并可以促使科学革命——推翻旧范式的发生。可见，科学的扩散功能渗透在科学发展的整个过程中，是科学的认识价值与实践价值不断增值的过程。只要是使科学呈现加速发展的趋势，并取得新的成果，就都可以视作科学扩散功能的范畴。

基于科学扩散功能的视角，一种典型的知识扩散方式是知识的溢出：不同主体之间由于知识存量差异而导致的经济、业务交往活动中知识和技术转移过程。与知识扩散的另一种方式——知识传播不同，知识溢出一般不是主动、有意识和自愿的，而是被动、无意识和非自愿的，或表现为技术交换中对信息的占有。从知识的本质属性来看，知识溢出是科学发展的内在要求。可以说，知识一旦被生产出来，生产者就无法决定谁来得到它，也就是生产者无法排斥那些拥有价值知识而不需付费的人，或者排除他人消费的成本高到使排他成为不大可能的事。因此，一个人或一个组织拥有的知识不排除他人和其他组织也同样完整地拥有。知识从本质上来说是能相互交流学习的，而且使用得越多，越能创造出新的知识，不同的知识交融可以产生新的知识，因而知识溢出可以提高知识资源的配置效率。知识的溢出效应是指知识的接受者或需求者消化吸收所导致的知识创新以及所带动的经济增长等其他影响，主要表现为链锁、模仿、交流、竞争、带动与激励等效应。

作为科学研究和知识集聚的重要机构，大学在实现组织创新、促进区域经济发展、提升国家核心竞争力方面起着越来越重要的作用。从20世纪下半叶开始，大学服务于社会的职能进一步深化，各国大学纷纷开始进行“创业型革命”，即将教学、科研、决策咨询使命与促进经济社会发展的创业新使命结合起来，使大学从一个培养人才和生产科研成果的社会次要支撑机构向领导性社会主要机构转变，即从研究型大学向作为一台引擎为知识社会的经济与社会发展服务的创业型大学转变。著名的“三重螺旋创新模型”反映了新时期“大学—产业—政府”的关系，认为经济社会中的三大组织主体——大学、产业和政府三者之间的互动、交叉、重叠构成了知识经济的发展基础和动力源泉，而大学的新角色包含和超越了原先教育与研究的使命，除了知识再生产和系统地进行科学创新的使命，还增添了经济开发的使命，大学除了起着传统的提供训练有素的人员和基础知识的作用，还是信息、技术和地区发展的源泉。

可以看出，科学的扩散功能为知识的溢出效应提供了条件，同时，知识的溢出推动着大学等学术组织或学者履行自己的创业使命，从而引出了“学术创业”这一崭新的命题。

学术创业的理论内涵分析

学术创业的相关理论基础

如上所述，科学知识的内在属性和大学组织的客观使命都使学术创业的出现成为必然，而且对学术创业问题的关注还有其深刻的理论基础。可以说，熊彼特主义的理论起点就指明了学术创业的基本属性。例如，熊彼特提出的“新组合”，并不是单一、纯粹的发明，而是以知识为基础、由创业者运用到实践中的创新，强调创业者能够运用还未运用到实体经济中的新知识和新方法来生产新产品，由此使新知识和新方法转化成可以交易的新商品。近年来，围绕知识经济的发展，一些新熊彼特主义经济学家开始重点关注知识、创新和创业这一类具有重要现实意义的研究主题。他们提出，目前，经济发展的主要推动力是能够创造实际产出科学知识的日益增长，以及经济体系将这些抽象科学知识转化为具体市场创新的能力。因此，知识才是创业者成功最重要的资源，而拥有丰富知识资源的大学应当而且必须成为科学领域乃至整个社会的重要创业者。

熊彼特的创新理论还认为，科学领域与经济领域的创新之间具有密不可分的关系，而且它们的创新原则是完全一致的。熊彼特于1939年在《经济周期》一文中说，“这里提出的理论不是一个适用于经济领域的个案，而是在社会生活的各个方面都具有更广泛应用价值的理论体系，包括科学和艺术领域”。经济领域创新和科学领域创新之所以存在这种同质性，其原因在于两种创新的关键力量——创业者所发挥的作用相同，即两个领域的创业者都扮演着引入“新组合”的角色，都是组织内生发展的承担者。熊彼特主义认为，创业功能并不只是存在于某个人或某个群体，不同环境条件下存在着不同类型的创业者，创业者既不等同于组织的管理（这是经理人的职能），也等同于生产方式控制（这是资本家的职能），他的真正作用在于“做新的事或者用新的方式做别人做过的事”，无论是在经济领域还是科学领域，都有这样一批创业者通过引入“新组合”来实现“建立一个独立王国的梦想和愿望”，而其动力都来自于对成功的渴望、开创并完成任务的喜悦、设计和管理的快乐以及“获取社会认可的唯一机会”。

对学术创业的再定义

虽然科学领域与经济领域的创新之间具有相似性，但大学等学术组织之所以会成为日益重要的创业力量，其原因在于学术创业活动与企业创业活动（如企业家个体创业、公司创业等）是有不同之处的，经济领域的创业无法等同或替代学术创业，如果在大学中进行的创业活动与企业中的完全相同，就不会有那么多研究把学术型组织纳入创业活动中。尤其是20世纪80年代以来，各国大学组织和学者个体的专利、特许、衍生企业等诸多形式的学术创业逐步兴起，管理学、经济学、社会学等研究领域对此产生了浓厚兴趣，以学术创业为主题的出版物、文献综述日渐增多，案例分析研究也逐步升温。

与许多新兴的研究主题一样，研究者对学术创业的定义还存在分歧，但目前已经形成了两种侧重点不同的概念界定。①对学术创业的概念理解侧重于创业导向，即强调学术创业的商业化结果，把学术创业等同于学术组织或个人创办新企业，代表性的表述如学术创业就是“为了开发产生于学术机构的一套智力资本而创建一个新企业”；“是一个商业化的开发过程，超越了传统的创新特许，表现为创建一项新事业，包括起源于大学的技术和知识的衍生”。②侧重于学术创业的学术导向，即强调学术组织或个体在创业过程中的主体地位，代表性的论述如早期的观点，把“学者通过对研究创意或研究导向的产品进行开发并推向市场从而增加个体或机构利润、影响力或者声誉的活动”统称为学术创业。相似的界定还有学术创业就是“在大学正式的基础教学和科研任务之外的所有商业化活动”；“把研究者的全新角色和资源融入现有组织背景下的整合过程，催生了反映研究者从事工作的一种全新模型”。简言之，学术创业就是“科学转向追求利润的过程”。

综上所述，本文认为，理解学术创业要整合学术和创业两个具有不同特性的内涵，既要反映出创业的基本点，又要突出学术个体和组织的主体作用。总体上，学术创业是一个广泛外延的概念体系，是指学者和学术组织突破资源束缚、识别利用机会以实现个体和组织成长的过程。从狭义上理解，学术创业是由学者或学术组织所参与的商业上的创业活动（如产学合作、基于大学的风险投资基金、以大学为基础的孵化器企业、由学者组建的新创企业、在企业和学术部门具有双重身份的研究者等）；而从广义上理解，学者的创业行为还包括对学术生涯的创业型管理，如创建一个新的研究领域或机构，同时可能伴随着商业化战略。总而言之，学术创业既有学术组织内部的创业活动，还包括与其他外部机构（如企业和政府）之间的作用关系，是一个动态的创业系统。

基于不同创业导向的学术创业活动

虽然从宏观上看学术创业的主体大致相同，但毋庸置疑，微观层面主体的差异决定着创业导向有所区分，也势必会给创业活动的方式、途径和结果带来明显的不同。准确地把握学术创业的不同类型，是深入研究分析学术创业行为的必经环节。为此，可根据学术创业导向的不同，将学术创业分为以下三种类型。

内向型学术创业

内向型学术创业的主体是那些在学术组织内部主要从事基础科学研究的学者，他们所从事的创业活动主要是对既有的科学实践进行创新，如提出新的理论或发现，构建新的研究领域或范式，而这类创业目的不是实现技术或商业的用途，只是寻求对科学进步的贡献，实现在同行范围内地位或声誉的最大化。这类学术创业者会遵循各种学术团体颁发的评判机制或规则，通过运用科学发现的先入优势来获取超越竞争对手的优势。可以说，内向型学术创业强调默顿学派（Mertonian）所主张的“科学的公共性”（the Public of Science），即构成科学共同体社会结构的规范标准是普遍性、共有性、无私利性和有条理的怀疑性。

内向型学术创业在科学项目的选择机制上具有很强的自我评价（Self-referent）特点，虽然对于从事基础科学中具有很强独立性和自主性的调查研究而言，自我评价可能是一种附加的价值，但自我评价也意味着放弃了私人资金、合作经历和多学科研究的可能；而且，这类创业者并不热衷于将自身的科学发现商业化，因为他们认为学术职业不具有应用的功能。但是也应该注意到，这种基于学术声望的科学竞争和评价机制会在科学进步中导致宏观次优化的结果，如默顿学派提出的科学中的“马太效应”，就是科学家的名望越高，越容易获得更好的研究条件，也就可以得到更高的名望。

内向型学术创业的现实例子存在于一些研究型大学中，为了平衡教学和科研的关系，这些大学学者通常遵循从学术研究到实际应用的线性创新模式，最常采用的方式是发表学术成果。从 1987 年开始，有机构每年对 SCI 收录的中国科技论文数进行统计比较，以此来判别中国学者学术研究水平和科学产出能力，这些都是关注内向型学术创业的现实体现。内向型学术创业者把知识视为公共产品，主动把知识外部化（公开出版）并促进知识在全社会的扩散，而他们的收益则是学术声望和个人在学术机构中地位的提升。在这一过程中，创业者通过探索和开发大学资产来从事公共研究。但是，由于“马太效应”的存在，这类创业可能会导致科学资源由部分高知名度学者长期低效率的垄断，从而在整体上挫伤科学发明的积极性。

外向型学术创业

这类学术创业者追求具有潜在的或具体市场价值的创新活动，他们的目标是获取发明专利或发明许可，或者开创一家衍生企业或新事业，并在商业化的过程中寻求经济利润的最大化。他们的使命不是为了推动科学进步，而是为了实现技术创新；他们的合作伙伴不是科研同行，更多的是技术人员、企业家和技术市场。对他们而言，知识不是一种公共产品，而是私人产品，因此他们扮演的角色则是有意识地延缓知识在整个科学和社会层面的周转率。外向型学术创业往往涵盖多部门，在大多数情况下，这类创业者获取专利的目的是避免私人机构的“搭便车”行为，更确切地说是为了防止产生于学术研究项目的科学发现被商业企业无偿占有。

外向型学术创业在实现商业化的同时，还可以带来如下影响：①追求科学成果收益性更高、市场化更快的商业化短期利益可能背离经由学术同行认真检测和监督的学术团体运行标准，如果某位创新型学者拥有一项高成长潜力的科学应用项目，那么他就有可能不会去遵循传统的学术标准；②科学成果具有的知识产权不可避免地降低了知识的产出和扩散周期，而后者却是科学作为学术机构的重要使命；③外向型学术创业经常会出现“搭便车”行为，换言之，这类创业使用了公共资产（如大学院系、公共契约、博士生和年轻的研究人员的成果），却没有产出公共产品（如他们只是在私人机构提升了大学年轻研究者的水平）。因此，过于强调外向型学术创业也会导致科学发展的危机，使其成为“反公的悲剧”（Tragedy of the Anticommons）的始作俑者。保护科学知识并阻止其他人使用，会使科学知识在整个社会层面不能得到充分利用，从而导致资源的浪费。尤其是过于分散的知识产权会放缓研究活动和产品开发的速度，因为知识所有者会互相设置进入壁垒。

美国麻省理工学院（MIT）是外向型学术创业的代表例证。MIT 认为自身必须作为衍生企业的发生器，大学学者应该称为创业者，为地区乃至国家经济发展注入新的增长。MIT 教授的科研和咨询活动中诞生了许多新的公司，在技术研究基础上协助创建公司的全新创业模式要求学者不仅仅是知识的生产者和传播者，更重要的是要作为生产要素参与创业。早在第二次世界大战前，MIT的一些研究试验室分化出一些新技术公司，通过它们，MIT各研究实验室的创新会由追求利润的公司加以商业化。1980年美国《贝耶—多尔法案》（Bayh-Dole Act）将无形的科技产权和技术知识产权交给了大学，鼓励教师个人把商业活动纳入自己的角色范围，催生了一大批大学衍生企业。应该看到这种外向型学术创业的确不可避免地降低了知识的产出和扩散周期，如MIT接受私人公司获得专利排他性许可的要求，曾经为美国第一家公共风险资本公司（ARD）提供了10年期限的高压电专利使用权的排他性许可。

中间型学术创业

这类学术创业通过机构间的合作进行创新，从而获取经济或知识资源来支持他们的研究项目或团队，并通过机构间或多学科的联合丰富自己的研究。中间型学术创业的目的是使他们控制的“组织”（如团队、实验室或机构）成长最大化，其收益则是获取私人资金和提升自身所在研究组织的声望和规模。这类学术创业者往往善于平衡公共的和私人的资金，寻求能从公共和私人部门得到新的理念、技术和经验，尤其对多学科的研究项目感兴趣，因为可以摆脱纯粹学科研究的严格规范。

但是中间型学术创业在公与私不同利益导向的网络中，创业者很难保持一种既能保证科学企业的公共属性，还能实现科学成果的私人垄断的平衡状态。科学和技术研究的紧密联系建立在分布式知识的网络结构基础上，这个网络的一部分可能会对探索传统的“开放科学”（Open Science）的社会规范产生积极作用，但另一部分也可能会带来市场失灵的问题，即不利于知识的合作、转移和开发。如果创业型大学没有出现，就无法建立合适的制度安排，那么这种创业网络就很容易导致在科学发现的公共属性和私人开发之间产生冲突。

从斯坦福大学建设创业型大学的具体措施中可以看出中间型学术创业的特点。例如，斯坦福大学虽然拥有数额巨大的基金，但却没有在硅谷创办属于大学本身的公司和企业，大学主要通过与硅谷保持一种长期密切的关系，及时把研究成果转移到硅谷的地区小高科技企业，同时为硅谷提供大量的创新型人才。其中一项是通过设立荣誉合作项目（Honors Coperative Program，HCP）为当地的公司打开教育大门，增强公司和大学之间的联系，使企业的工程师得以保持技术优势和建立专业联系，同时也为斯坦福的研究者提供资助机会。斯坦福大学把提高教师的学术能力作为学校的导向，科研人员是学校的主角，在这一过程中追求较高的科研成果转化率。这类措施促进了斯坦福大学、加州大学伯克利分校与当地高技术公司之间的互动合作关系，成为硅谷持续成功的实质之所在。但是最近一项关于美国加州大学伯克利分校与美国著名生物技术公司

Novartis 冲突的案例研究表明，公共知识和私人开发之间的确存在冲突，而且可能会带来不良的后果，即创业网络中的参与者会在一种不稳定的制度安排中寻求工作上的一致或自治的状态。

综上，可以看出三种创业类型的不同导向（见图 13）。正如对学术创业的两种概念界定，三种学术创业类型的导向也是不同的：外向型学术创业强调创业导向，关注如何实现商业化的过程；内向型学术创业则侧重学术导向，突出科学研究的中心地位；而中间型学术创业则寻求在学术导向和创业导向之间的一种平衡。

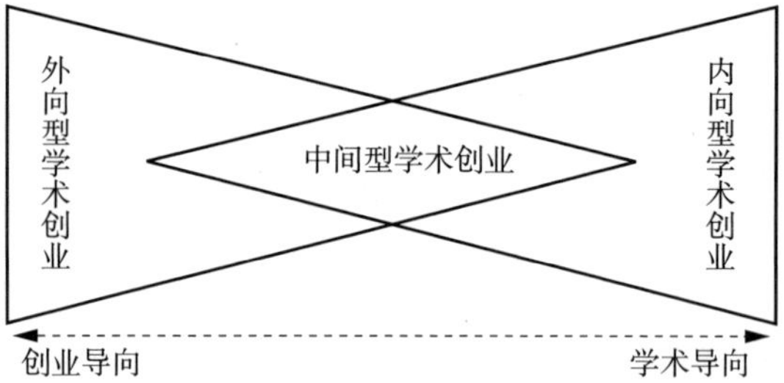

图 13　学术创业的三种类型

学术创业实践的主要途径分析

衍生企业

在关于学术创业的研究中，衍生企业是目前文献最为关注的主题之一。衍生（Spin-Off）企业是指一个稳定的组织（如企业、大学等）通过特定方式孕育出新企业的现象，称作“衍生”是因为这个过程中必定存在某些资源（如知识、人才等）从原来的组织传递到新生的企业。而学术衍生企业是指通过学术组织如大学的教师或学生连同科技成果一同转移、创办自主的企业，继续推动技术创新或科技成果的转化与产业化，实现大学作为“高科技企业孵化器”的社会功能。评判衍生企业的条件有两个：①成立一家新公司；②新公司的母组织就是学术组织（如大学）或者是大学中的研究中心。因此，衍生企业简单地说就是围绕母组织的技术所建立的新企业，其目标是实现大学所创造出的知识、技术或其他研究成果的商业应用化的社会转移。

理论与实证研究表明，学术衍生无论是对学术成果的产业化还是对促进社会经济发展都具有重要价值，已逐渐成为科技型企业的重要形式和被广泛接受的有效的技术转移方式。以学术衍生企业发展较早的美国为例，经过几十年的发展，源自研究型大学的科技型衍生企业取得了巨大的成功。这些企业往往聚集在某一所或几所研究型大学的周围，形成高技术企业的密集区域，硅谷和128号公路就是其中的杰出代表，仅麻省理工学院一所研究型大学就有数千家衍生企业。而且这些公司对美国经济增长作出了巨大贡献。随着知识、信息、人员和资本的快速而无边界流动，学术组织与企业界的联系在美国表现得尤为紧密，有许多大学包括基础研究在内的研究项目都是由企业界提供资助的，大学与企业的职能如三螺旋模型所主张的呈现出互相融合的趋势。

技术许可

除衍生企业之外，学术创业的途径还包括技术许可的方式，即通过技术转让、技术合作、技术咨询、技术服务等，使大学里具有潜在商业价值的技术被学校以外的企业购买，实现大学作为“高科技辐射源”的社会功能。在技术许可的过程中，学术组织或个人（团队）作为技术拥有者向技术接受者授予使用专利、商标、Know-How、著作权等的权力，而技术授权者则向技术被授权者收取相关费用。技术许可实质上是有关技术相关权能（如所有权、使用权、产品销售权、专利申请权等）的契约或合同。其中可从不同的角度对其进行分类，从授权范围的角度可分为普通许可和排他性许可；从许可内容多少的角度可分为单一的技术许可和捆绑许可；从是否受国家强制力约束的角度可分为一般许可和强制性许可等。技术许可的目的主要是学术组织或个体获得报酬以便对前期的创新投入进行一定的补偿，或者为了获得市场竞争的优势而进行的一种包括构建进入壁垒在内的战略安排。

相较于学术衍生企业，技术许可往往可以较快获得回报，而且在商业化过程中学术主体无须负担技术商品化所需的资金，同时还可以借助被授权者对市场较为熟悉的优势，更容易发现和捕捉市场机会。但是，在技术许可的同时也会导致学术主体失去对技术的控制权，并且在授权后对于后续活动的涉入程度会逐渐减少，有时技术许可也很难找到合适的被授权者，签订授权协议的难度也较高。而衍生企业则有利于学术组织对日后技术、市场的发展掌握控制权，并从更长远的角度看会创造就业机会和促进区域经济发展。因此，衍生企业和技术许可是两种具有互补性的学术创业途径（如图 14 所示）。

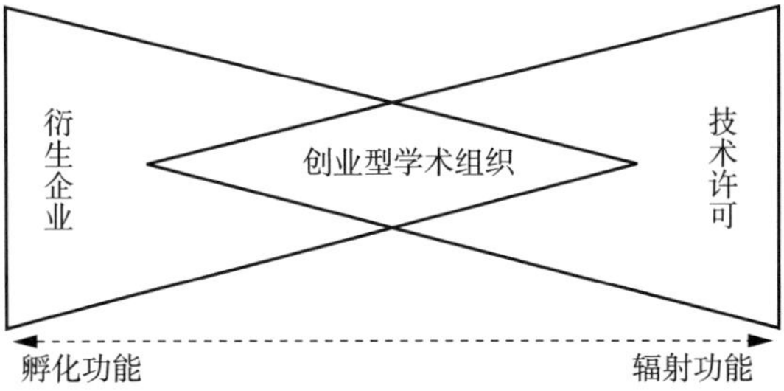

图 14　学术创业两种途径

在上述两种途径的实施过程中，整个学术创业系统的中心是创业型的学术组织（如创业型大学）。本文认为，学术创业是由这些创业型大学产生技术进步，并通过中介环节（如技术转移机构以及孕育新企业的孵化器或科技园）推动技术扩散的过程。随着与企业的关联性不断增强，大学体系的边界不断延伸，其活动范围则超越象牙塔之外，目的则是把发明转化为创新，以此来提升大学组织的收益回报并产生更多更好的社会价值。同时，大学又处于一个更广泛的创新网络环境背景下，所以一些诸如政策、决策等的外部环境反馈要素就会不断影响大学参与创业活动的过程和方式。以正在进行创新型国家建设的中国为例，近年来的科技政策和文化环境开始转变，逐渐允许并鼓励大学的创业活动，大学体系内部也通过自组织的方式实现大学使命向创业型转变，而在外部也积极通过与企业和产业系统的紧密合作来拓展大学的传统职能，实现为经济发展领域服务的使命，从而对科学领域乃至社会领域的决策产生重要的影响。

研究比较与趋势展望

近年来，我国学者也开始在理论和政策领域对学术创业问题进行分析和研究，目前成果主要集中于学术创业的具体表现形式（例如大学衍生企业、产学联盟、学者型创业者等），相比较国外研究，国内研究在主题内容上还较为分散，研究方法上仍侧重定性分析。从实践层面看，我国学术创业活动还存在不少问题，例如学术组织强调基础研究而忽视科研成果的市场应用性，学术创业参与方在价值认同和取向上存在本质差异并缺乏有效沟通，整个社会缺少促进学术创业的中介组织网络，等等。学术创业问题对于我国管理理论及实践领域而言，都具有较大的探索空间。尤其是我国在创新型国家建设过程中，迫切需要建立产学研相结合的技术创新体系，这就使得探究学术创业内涵本质和现实路径具有重要的现实价值。

未来学术创业研究将呈现如下两个趋势：①学术创

业理论框架的不断完善，例如有学者提出知识溢出理论可以很好地解释创业机会这一核心问题，并据此构建了学术创业的知识溢出理论体系，从而充实了学术创业研究的理论基础；还有学者建议从创业型学者、创业型大学、中介机构（如 UTO 等）、创业环境网络等五个由微观到宏观的层面来开展学术创业研究，从而为后续研究提供较完备的分析架构；②研究方法的规范性，如目前学术创业研究文献已开始显现出实证研究的特点，通过大样本数据或统计方法分析和验证学术创业的具体问题（如大学衍生企业的绩效、学者创业的决策模型、经济领域与学术领域创业的比较等），并得出了一些有价值的结论。上述发展趋势也为我国学术创业研究指出了具体的努力方向。

新经济形势下的竞争焦点在于知识的竞争，科学研究的最新理论成果和发达国家的发展经验表明，基于知识的学术创业能够成为提高自主创新能力的关键路径。目前，实践领域也在不断探索学术创业的有效做法，如建设创业型大学，使大学与企业、政府的地位逐渐平等化，从“边缘”位置转向“主要”位置；应用三螺旋创新模式促进创业活动、推动区域经济增长；构建富有特色的专利政策体系和技术转移机制，提高科研成果转化率；完善风险投资，为各种学术创业活动（如大学衍生企业等）提供资金；建立大学产业园、孵化器以及技术转移机构，丰富大学科研模式，完善学术评价体系、增强原始创新能力，加强产学研战略联盟等。通过这些做法使学者、学术组织和学术环境形成一个互动的创业系统，以期提高学术创业活动的绩效和经济贡献度，最终从知识层面促进整个社会的进步和发展。

注：本文原标题：《基于知识溢出视角的学术创业问题探究》。
本文主要内容刊发于《研究与发展管理》2010 年第 1 期。